Tuzsuz Lezzetler

Düşük Sodyumlu Mutfağın Sırları

Nazlı Duru

İçindekiler

Türkiye Brokoli ve Kimyon

Hazırlama süresi: 10 dakika.
Hazırlama süresi: 30 dakika.
Porsiyon: 4

İçindekiler:

- 1 kırmızı soğan, doğranmış
- 1 kilo hindi göğsü, derisiz, kemiksiz ve kuşbaşı
- 2 su bardağı brokoli çiçeği
- 1 çay kaşığı kimyon, öğütülmüş
- 3 diş sarımsak, doğranmış
- 2 yemek kaşığı zeytinyağı
- 14 ons hindistan cevizi sütü
- Bir tutam karabiber
- ¼ bardak kıyılmış kişniş

Başlıklar:

1. Tavayı orta ateşte yağla ısıtın, soğanı ve sarımsağı ekleyin, karıştırın ve 5 dakika kızartın.
2. Hindiyi ekleyin, karıştırın ve 5 dakika kızartın.
3. Brokoliyi ve diğer malzemeleri ekleyip orta ateşte 20 dakika pişirin.
4. Karışımı tabaklara paylaştırıp servis yapın.

Beslenme: Kalori 438, yağ 32,9, lif 4,7, karbonhidrat 16,8, protein 23,5

yağlı tavuk

Hazırlama süresi: 10 dakika.
Hazırlama süresi: 30 dakika.
Porsiyon: 4

İçindekiler:
- 1 kilo tavuk göğsü, derisiz, kemiksiz ve doğranmış
- 1 bardak düşük sodyumlu tavuk suyu
- 1 yemek kaşığı avokado yağı
- 2 çay kaşığı ezilmiş karanfil
- 1 ince doğranmış sarı soğan
- 2 çay kaşığı tatlı kırmızı biber
- 3 domates, doğranmış
- Bir tutam tuz ve karabiber.
- ½ su bardağı kıyılmış maydanoz

Başlıklar:
1. Tavayı orta ateşte yağla ısıtın, soğanı ekleyin ve 5 dakika kızartın.
2. Tavukları ekleyip 5 dakika daha kavurun.
3. Et suyunu ve diğer malzemeleri ekleyip kaynatın ve orta ateşte 20 dakika daha pişirin.
4. Karışımı tabaklara paylaştırıp servis yapın.

Beslenme: Kalori 324, yağ 12,3, lif 5, karbonhidrat 33,10, protein 22,4

Zencefilli enginarlı tavuk

Hazırlama süresi: 10 dakika.
Hazırlama süresi: 30 dakika.
Porsiyon: 4

İçindekiler:

- 2 adet derisiz, kemiksiz ve ikiye bölünmüş tavuk göğsü
- 1 yemek kaşığı rendelenmiş zencefil
- 1 su bardağı konserve domates, tuzsuz, doğranmış
- 10 ons konserve enginar, tuzsuz, süzülmüş ve dörde bölünmüş
- 2 yemek kaşığı limon suyu
- 2 yemek kaşığı zeytinyağı
- Bir tutam karabiber

Başlıklar:

1. Tavayı orta ateşte yağla ısıtın, zencefili ve enginarı ekleyin, karıştırın ve 5 dakika pişirin.
2. Tavukları ekleyip 5 dakika daha pişirin.
3. Diğer malzemeleri ekleyin, kaynatın ve 20 dakika daha pişirin.
4. Tamamını tabaklara paylaştırıp servis yapın.

Beslenme:kalori 300, yağ 14,5, lif 5,3, karbonhidratlar 16,4, protein 15,1

hindi ve biber karışımı

Hazırlama süresi: 10 dakika.
Hazırlama süresi: 30 dakika.
Porsiyon: 4

İçindekiler:
- ½ yemek kaşığı karabiber
- 1 yemek kaşığı zeytinyağı
- 1 kilo hindi göğsü, derisiz, kemiksiz ve kuşbaşı
- 1 bardak düşük sodyumlu tavuk suyu
- 3 diş sarımsak, doğranmış
- 2 domates, doğranmış
- Bir tutam karabiber
- 2 yemek kaşığı doğranmış frenk soğanı

Başlıklar:
1. Tavayı orta ateşte yağla ısıtın, sarımsak ve hindiyi ekleyin ve 5 dakika kızartın.
2. Biber ve diğer malzemeleri ekleyip kaynatın ve orta ateşte 25 dakika pişirin.
3. Karışımı tabaklara paylaştırıp servis yapın.

Beslenme: Kalori 313, yağ 13,3, lif 7, karbonhidrat 23,4, protein 16

Tavuk budu ve biberiyeli sebzeler

Hazırlama süresi: 10 dakika.
Hazırlama süresi: 40 dakika.
Porsiyon: 4

İçindekiler:

- 2 kilo tavuk göğsü, derisiz, kemiksiz ve doğranmış
- 1 adet doğranmış havuç
- 1 sap kereviz, doğranmış
- 1 adet doğranmış domates
- 2 küçük kırmızı soğan, dilimlenmiş
- 1 adet doğranmış kabak
- 2 diş ince kıyılmış sarımsak
- 1 yemek kaşığı kıyılmış biberiye
- 2 yemek kaşığı zeytinyağı
- tatmak için karabiber
- ½ bardak düşük sodyumlu sebze suyu

Başlıklar:

1. Tavayı orta ateşte yağla ısıtın, soğanı ve sarımsağı ekleyin, karıştırın ve 5 dakika kızartın.
2. Tavuğu ekleyin, karıştırın ve 5 dakika daha kızartın.
3. Havuçları ve diğer malzemeleri ekleyip karıştırın, kaynatın ve orta ateşte 30 dakika pişirin.
4. Karışımı tabaklara paylaştırıp servis yapın.

Beslenme: Kalori 325, yağ 22,5, lif 6,1, karbonhidrat 15,5, protein 33,2

Havuç ve lahana ile tavuk

Hazırlama süresi: 10 dakika.
Hazırlama süresi: 25 dakika.
Porsiyon: 4

İçindekiler:
- 1 kilo tavuk göğsü, derisiz, kemiksiz ve doğranmış
- 2 yemek kaşığı zeytinyağı
- 2 havuç, soyulmuş ve rendelenmiş
- 1 çay kaşığı tatlı kırmızı biber
- ½ bardak düşük sodyumlu sebze suyu
- 1 mor lahana, doğranmış
- 1 ince doğranmış sarı soğan
- tatmak için karabiber

Başlıklar:
1. Tavayı orta ateşte yağla ısıtın, soğanı ekleyin, karıştırın ve 5 dakika kızartın.
2. Eti ekleyin ve 5 dakika daha kızartın.
3. Havuçları ve diğer malzemeleri ekleyip karıştırın, kaynatın ve orta ateşte 15 dakika pişirin.
4. Tamamını tabaklara paylaştırıp servis yapın.

Beslenme: Kalori 370, yağ 22,2, lif 5,2, karbonhidrat 44,2, protein 24,2

Patlıcan ve hindili sandviç

Hazırlama süresi: 10 dakika.
Hazırlama süresi: 25 dakika.
Porsiyon: 4

İçindekiler:

- 1 hindi göğsü derisiz, kemiksiz ve 4 parçaya bölünmüş
- 1 patlıcan, 4 dilime kesilmiş
- tatmak için karabiber
- 1 yemek kaşığı zeytinyağı
- 1 yemek kaşığı kıyılmış kekik
- ½ bardak düşük sodyumlu domates sosu
- ½ su bardağı rendelenmiş az yağlı kaşar peyniri
- 4 dilim tam buğday ekmeği

Başlıklar:

1. Izgarayı orta-yüksek ateşte ısıtın, hindi dilimlerini ekleyin, üzerine yağın yarısını gezdirin, karabiber serpin, her iki tarafını da 8 dakika pişirin ve bir tabağa koyun.
2. Patlıcan dilimlerini kızgın ızgaraya koyun, kalan yağı gezdirin, karabiberle tatlandırın, her iki tarafını da 4 dakika kızartın ve hindi dilimleriyle birlikte tabağa koyun.
3. 2 dilim ekmeği çalışma yüzeyine koyun, her birine peynir sürün, patlıcan ve hindi dilimlerini bölün, kekik serpin, sosu her şeyin üzerine dökün ve diğer 2 dilim ekmeği üstüne yerleştirin.
4. Sandviçleri tabaklara paylaştırıp servis yapın.

Beslenme: Kalori 280, yağ 12,2, lif 6, karbonhidrat 14, protein 12

Basit Hindi ve Kabak Omleti

Hazırlama süresi: 10 dakika.
Hazırlama süresi: 20 dakika.
Porsiyon: 4

İçindekiler:

- 4 tam buğday ekmeği
- ½ su bardağı az yağlı yoğurt
- 1 kilo hindi göğsü, derisi alınmış, kemikleri çıkarılmış ve şeritler halinde kesilmiş
- 1 yemek kaşığı zeytinyağı
- 1 kırmızı soğan dilimlenmiş
- 1 adet doğranmış kabak
- 2 domates, doğranmış
- tatmak için karabiber

Başlıklar:

1. Tavayı orta ateşte yağla ısıtın, soğanı ekleyin, karıştırın ve 5 dakika kızartın.
2. Kabağı ve domatesleri ekleyin, karıştırın ve 2 dakika daha pişirin.
3. Hindiyi ekleyin, karıştırın ve 13 dakika daha pişirin.
4. Her tortillaya yoğurt sürün, bölünmüş hindi-kabak karışımını ekleyin, yuvarlayın, tabaklara paylaştırın ve servis yapın.

Beslenme:kalori 290, yağ 13,4, lif 3,42, karbonhidratlar 12,5, protein 6,9

Biber ve patlıcan güveçte tavuk

Hazırlama süresi: 10 dakika.
Hazırlama süresi: 25 dakika.
Porsiyon: 4

İçindekiler:
- 2 derisiz, kemiksiz ve kuşbaşı tavuk göğsü
- 1 kırmızı soğan, doğranmış
- 2 yemek kaşığı zeytinyağı
- 1 adet doğranmış patlıcan
- 1 kırmızı biber, doğranmış
- 1 sarı biber, doğranmış
- tatmak için karabiber
- 2 bardak hindistan cevizi sütü

Başlıklar:
4. Tavayı orta-yüksek ateşte yağla ısıtın, soğanı ekleyin, karıştırın ve 3 dakika kızartın.
5. Kırmızı biberi ekleyin, karıştırın ve 2 dakika daha pişirin.
6. Tavuğu ve diğer malzemeleri ekleyin, karıştırın, kaynatın ve orta ateşte 20 dakika daha pişirin.
7. Tamamını tabaklara paylaştırıp servis yapın.

Beslenme:kalori 310, yağ 14,7, lif 4, karbonhidrat 14,5, protein 12,6

Balzamik sirke ile hindi kızartma

Hazırlama süresi: 10 dakika.
Hazırlama süresi: 40 dakika.
Porsiyon: 4

İçindekiler:

- 1 büyük hindi göğsü, derisiz, kemiksiz ve dilimlenmiş
- 2 yemek kaşığı balzamik sirke
- 1 yemek kaşığı zeytinyağı
- 2 diş ince kıyılmış sarımsak
- 1 yemek kaşığı İtalyan baharatı
- tatmak için karabiber
- 1 yemek kaşığı kıyılmış kişniş

Başlıklar:

1. Bir pişirme kabında hindiyi sirke, yağ ve diğer malzemelerle karıştırıp karıştırın, 400 derecelik fırına koyun ve 40 dakika pişirin.
2. Her şeyi tabaklara paylaştırın ve salatayla servis yapın.

Beslenme: Kalori 280, yağ 12,7, lif 3, karbonhidrat 22,1, protein 14

Çedar Hindi Karışımı

Hazırlama süresi: 10 dakika.
Hazırlama süresi: 1 saat.
Porsiyon: 4

İçindekiler:
- 1 kilo hindi göğsü, derisiz, kemiksiz ve dilimlenmiş
- 2 yemek kaşığı zeytinyağı
- 1 su bardağı konserve domates, tuzsuz, doğranmış
- tatmak için karabiber
- 1 su bardağı az yağlı kaşar peyniri, rendelenmiş
- 2 yemek kaşığı kıyılmış maydanoz

Başlıklar:
1. Fırın tepsisini yağla yağlayın, hindi dilimlerini tavaya koyun, üzerine domatesleri yayın, karabiberle tatlandırın, üzerine peynir ve maydanoz serpin, 400 derecelik fırına koyun ve 1 saat pişirin.
2. Tamamını tabaklara paylaştırıp servis yapın.

Beslenme: Kalori 350, yağ 13,1, lif 4, karbonhidrat 32,4, protein 14,65

hindi parmesanı

Hazırlama süresi: 10 dakika.
Hazırlama süresi: 23 dakika.
Porsiyon: 4

İçindekiler:

- 1 kilo hindi göğsü, derisiz, kemiksiz ve kuşbaşı
- 1 yemek kaşığı zeytinyağı
- ½ bardak rendelenmiş az yağlı Parmesan
- 2 arpacık, ince doğranmış
- 1 bardak hindistan cevizi sütü
- tatmak için karabiber

Başlıklar:

1. Tavayı orta-yüksek ateşte yağla ısıtın, arpacık soğanı ekleyin, karıştırın ve 5 dakika kızartın.
2. Eti, hindistancevizi sütünü ve karabiberi ekleyip karıştırın ve orta ateşte 15 dakika daha pişirin.
3. Parmesanı ekleyip 2-3 dakika pişirin, tabaklara paylaştırıp servis yapın.

Beslenme: Kalori 320, yağ 11,4, lif 3,5, karbonhidrat 14,3, protein 11,3

Kremalı tavuk ve karides karışımı

Hazırlama süresi: 10 dakika.
Hazırlama süresi: 14 dakika.
Porsiyon: 4

İçindekiler:

- 1 yemek kaşığı zeytinyağı
- 1 kilo tavuk göğsü, derisiz, kemiksiz ve doğranmış
- ¼ bardak düşük sodyumlu tavuk suyu
- 1 kiloluk karides, soyulmuş ve ayrılmış
- ½ su bardağı hindistan cevizi kreması
- 1 yemek kaşığı kıyılmış kişniş

Başlıklar:

1. Tavayı orta ateşte yağla ısıtın, tavuğu ekleyin, karıştırın ve 8 dakika kızartın.
2. Karidesleri ve diğer malzemeleri ekleyip karıştırın, 6 dakika daha pişirin, kaselere paylaştırıp servis yapın.

Beslenme: Kalori 370, yağ 12,3, lif 5,2, karbonhidrat 12,6, protein 8

Hindi Fesleğen ve sıcak kuşkonmazla karıştırın

Hazırlama süresi: 10 dakika.

Hazırlama süresi: 40 dakika.

Porsiyon: 4

İçindekiler:

- 1 kilo hindi göğsü, derisiz ve şeritler halinde kesilmiş
- 1 su bardağı hindistan cevizi kreması
- 1 bardak düşük sodyumlu tavuk suyu
- 2 yemek kaşığı kıyılmış maydanoz
- 1 demet kuşkonmaz, kesilmiş ve yarıya bölünmüş
- 1 çay kaşığı biber tozu
- 2 yemek kaşığı zeytinyağı
- Bir tutam deniz tuzu ve karabiber.

Başlıklar:

1. Tavayı orta ateşte yağla ısıtın, hindi etini ve biraz karabiberi ekleyip karıştırın ve 5 dakika pişirin.
2. Kuşkonmazı, biber tozunu ve diğer malzemeleri ekleyip karıştırın, kaynatın ve orta ateşte 30 dakika daha pişirin.
3. Tamamını tabaklara paylaştırıp servis yapın.

Beslenme: Kalori 290, yağ 12,10, lif 4,6, karbonhidrat 12,7, protein 24

Türkiye kaju fıstığı ile karıştırıldı

Hazırlama süresi: 10 dakika.
Hazırlama süresi: 40 dakika.
Porsiyon: 4

İçindekiler:
- 1 kilo hindi göğsü, derisiz, kemiksiz ve kuşbaşı
- 1 su bardağı kıyılmış kaju
- 1 ince doğranmış sarı soğan
- ½ yemek kaşığı zeytinyağı
- tatmak için karabiber
- ½ çay kaşığı tatlı kırmızı biber
- 2 ve ½ yemek kaşığı kaju yağı
- ¼ bardak düşük sodyumlu tavuk suyu
- 1 yemek kaşığı kıyılmış kişniş

Başlıklar:
1. Tavayı orta-yüksek ateşte yağla ısıtın, soğanı ekleyin, karıştırın ve 5 dakika kızartın.
2. Eti ekleyin ve 5 dakika daha kızartın.
3. Diğer malzemeleri ekleyin, karıştırın, kaynatın ve orta ateşte 30 dakika pişirin.
4. Karışımın tamamını tabaklara paylaştırıp servis yapın.

Beslenme:kalori 352, yağ 12,7, lif 6,2, karbonhidratlar 33,2, protein 13,5

hindi ve meyveler

Hazırlama süresi: 10 dakika.
Hazırlama süresi: 35 dakika.
Porsiyon: 4

İçindekiler:

- 2 kilo hindi göğsü, derisiz, kemiksiz ve doğranmış
- 1 yemek kaşığı zeytinyağı
- 1 kırmızı soğan, doğranmış
- 1 bardak yaban mersini
- 1 bardak düşük sodyumlu tavuk suyu
- ¼ bardak kıyılmış kişniş
- tatmak için karabiber

Başlıklar:

1. Tavayı orta ateşte yağla ısıtın, soğanı ekleyin, karıştırın ve 5 dakika pişirin.
2. Eti, meyveleri ve diğer malzemeleri ekleyin, kaynatın ve orta ateşte 30 dakika daha pişirin.
3. Karışımı tabaklara paylaştırıp servis yapın.

Beslenme: Kalori 293, yağ 7,3, lif 2,8, karbonhidrat 14,7, protein 39,3

Beş baharatlı tavuk göğsü

Hazırlama süresi: 5 dakika.
Hazırlama süresi: 35 dakika.
Porsiyon: 4

İçindekiler:
- 1 su bardağı ezilmiş domates
- 1 çay kaşığı beş baharat
- 2 tavuk göğsü yarısı derisiz, kemiksiz ve ikiye bölünmüş
- 1 yemek kaşığı avokado yağı
- 2 yemek kaşığı hindistan cevizi amino asitleri
- tatmak için karabiber
- 1 yemek kaşığı pul biber
- 1 yemek kaşığı kıyılmış kişniş

Başlıklar:
1. Tavayı orta ateşte yağla ısıtın, eti ekleyin ve her iki tarafını da 2 dakika kızartın.
2. Domatesleri, beş baharatı ve diğer malzemeleri ekleyip kaynatın ve orta ateşte 30 dakika pişirin.
3. Karışımın tamamını tabaklara paylaştırıp servis yapın.

Beslenme: Kalori 244, yağ 8,4, lif 1,1, karbonhidrat 4,5, protein 31

Baharatlı sebzeli hindi

Hazırlama süresi: 10 dakika.
Hazırlama süresi: 17 dakika.
Porsiyon: 4

İçindekiler:

- 1 kilo hindi göğsü, kemiksiz, derisiz ve kuşbaşı
- 1 bardak hardal yeşillikleri
- 1 çay kaşığı öğütülmüş hindistan cevizi
- 1 çay kaşığı yenibahar, öğütülmüş
- 1 ince doğranmış sarı soğan
- tatmak için karabiber
- 1 yemek kaşığı zeytinyağı

Başlıklar:

1. Tavayı orta ateşte yağla ısıtın, soğanı ve eti ekleyin ve 5 dakika kızartın.
2. Geri kalan malzemeleri ekleyin, karıştırın, orta ateşte 12 dakika daha pişirin, tabaklara paylaştırın ve servis yapın.

Beslenme: Kalori 270, yağ 8,4, lif 8,32, karbonhidrat 33,3, protein 9

Tavuk ve biberli mantarlar

Hazırlama süresi: 10 dakika.
Hazırlama süresi: 20 dakika.
Porsiyon: 4

İçindekiler:

- 2 adet derisiz, kemiksiz ve ikiye bölünmüş tavuk göğsü
- ½ kilo beyaz mantar, ikiye bölünmüş
- 1 yemek kaşığı zeytinyağı
- 1 su bardağı konserve domates, tuzsuz, doğranmış
- 2 yemek kaşığı kıyılmış badem
- 2 yemek kaşığı zeytinyağı
- ½ çay kaşığı pul biber
- tatmak için karabiber

Başlıklar:

1. Tavayı orta-yüksek ateşte yağla ısıtın, mantarları ekleyin, karıştırın ve 5 dakika kızartın.
2. Eti ekleyin, karıştırın ve 5 dakika daha pişirin.
3. Domatesleri ve diğer malzemeleri ekleyip kaynatın ve orta ateşte 10 dakika pişirin.
4. Karışımı tabaklara paylaştırıp servis yapın.

Beslenme: Kalori 320, yağ 12,2, lif 5,3, karbonhidrat 33,3, protein 15

Biberli tavuk domates enginar

Hazırlama süresi: 10 dakika.
Hazırlama süresi: 20 dakika.
Porsiyon: 4

İçindekiler:

- 2 kırmızı biber, doğranmış
- 1 yemek kaşığı zeytinyağı
- 1 ince doğranmış sarı soğan
- 1 kilo tavuk göğsü, derisiz, kemiksiz ve doğranmış
- 1 su bardağı ezilmiş domates
- 10 oz konserve enginar kalbi, süzülmüş ve dörde bölünmüş
- tatmak için karabiber
- ½ su bardağı düşük sodyumlu tavuk suyu
- 2 yemek kaşığı limon suyu

Başlıklar:

1. Tavayı orta ateşte yağla ısıtın, soğanı ve kırmızı biberi ekleyin, karıştırın ve 5 dakika kızartın.
2. Eti ekleyin, karıştırın ve 5 dakika daha kızartın.
3. Diğer malzemeleri ekleyip orta ateşte 10 dakika pişirin.
4. Karışımı tabaklara paylaştırıp servis yapın.

Beslenme: Kalori 280, yağ 11,3, lif 5, karbonhidrat 14,5, protein 13,5

Tavuk ve pancar karışımı

Hazırlama süresi: 10 dakika.

Hazırlama süresi: 0 dakika.

Porsiyon: 4

İçindekiler:

- 1 rendelenmiş havuç
- 2 pancar, soyulmuş ve rendelenmiş
- ½ bardak avokado mayonezi
- 1 su bardağı füme, derisiz, kemiksiz, pişmiş ve kıyılmış tavuk göğsü
- 1 çay kaşığı kıyılmış frenk soğanı

Başlıklar:

1. Tavuğu pancar ve diğer malzemelerle bir kasede karıştırıp hemen servis yapın.

Beslenme: Kalori 288, yağ 24,6, lif 1,4, karbonhidrat 6,5, protein 14

Kereviz salatası ile Türkiye

Hazırlama süresi: 4 dakika.
Hazırlama süresi: 0 dakika.
Porsiyon: 4

İçindekiler:

- 2 su bardağı hindi göğsü, derisiz, kemiksiz, pişmiş ve doğranmış
- 1 su bardağı doğranmış kereviz sapı
- 2 adet ince doğranmış frenk soğanı
- 1 su bardağı çekirdeği çıkarılmış ve ikiye bölünmüş siyah zeytin
- 1 yemek kaşığı zeytinyağı
- 1 çay kaşığı limon suyu
- 1 su bardağı az yağlı yoğurt

Başlıklar:

1. Hindiyi kereviz ve diğer malzemelerle bir kasede karıştırıp soğuk olarak servis yapın.

Beslenme: Kalori 157, yağ 8, lif 2, karbonhidrat 10,8, protein 11,5

Tavuk budu ve üzüm karışımı

Hazırlama süresi: 10 dakika.
Hazırlama süresi: 40 dakika.
Porsiyon: 4

İçindekiler:
- 1 adet doğranmış havuç
- 1 sarı soğan, dilimlenmiş
- 1 yemek kaşığı zeytinyağı
- 1 su bardağı doğranmış domates
- ¼ bardak düşük sodyumlu tavuk suyu
- 2 diş ince kıyılmış sarımsak
- 1 kilo kemiksiz, derisiz tavuk but
- 1 su bardağı yeşil üzüm
- tatmak için karabiber

Başlıklar:
1. Ateşe dayanıklı bir kabı yağla yağlayın, içine tavuk buduları dizin ve geri kalan malzemeleri ekleyin.
2. 390 F'de 40 dakika pişirin, tabaklara paylaştırın ve servis yapın.

Beslenme: Kalori 289, yağ 12,1, lif 1,7, karbonhidrat 10,3, protein 33,9

Türkiye ve limonlu arpa

Hazırlama süresi: 5 dakika.
Hazırlama süresi: 55 dakika.
Porsiyon: 4

İçindekiler:

- 1 yemek kaşığı zeytinyağı
- 1 adet derisiz, kemiksiz ve dilimlenmiş hindi göğsü
- tatmak için karabiber
- 2 sap kereviz, doğranmış
- 1 kırmızı soğan, doğranmış
- 2 su bardağı düşük sodyumlu tavuk suyu
- ½ bardak arpa
- 1 çay kaşığı rendelenmiş limon kabuğu
- 1 yemek kaşığı limon suyu
- 1 yemek kaşığı doğranmış frenk soğanı

Başlıklar:

1. Tavayı orta ateşte yağla ısıtın, eti ve soğanı ekleyin, karıştırın ve 5 dakika kızartın.
2. Kereviz ve diğer malzemeleri ekleyin, karıştırın, kaynatın, ısıyı orta dereceye düşürün, 50 dakika pişirin, kaselere paylaştırın ve servis yapın.

Beslenme: Kalori 150, yağ 4,5, lif 4,9, karbonhidrat 20,8, protein 7,5

Pancar ve turp karışımı ile Türkiye

Hazırlama süresi: 10 dakika.
Hazırlama süresi: 35 dakika.
Porsiyon: 4

İçindekiler:

- 1 derisiz, kemiksiz ve kuşbaşı hindi göğsü
- 2 pancar, soyulmuş ve doğranmış
- 1 bardak turp, doğranmış
- 1 kırmızı soğan, doğranmış
- ¼ bardak düşük sodyumlu tavuk suyu
- tatmak için karabiber
- 1 yemek kaşığı zeytinyağı
- 2 yemek kaşığı doğranmış frenk soğanı

Başlıklar:

1. Tavayı yağla orta ateşte ısıtın, eti ve soğanı ekleyin, 5 dakika karıştırarak kızartın.
2. Pancar, turp ve diğer malzemeleri ekleyip kaynatın ve orta ateşte 30 dakika daha pişirin.
3. Karışımı tabaklara paylaştırıp servis yapın.

Beslenme:kalori 113, yağ 4,4, lif 2,3, karbonhidratlar 10,4, protein 8,8

Sarımsaklı domuz karışımı

Hazırlama süresi: 10 dakika.
Hazırlama süresi: 45 dakika.
Porsiyon: 8

İçindekiler:

- 2 kilo domuz eti, kemikli ve kuşbaşı
- 1 kırmızı soğan, doğranmış
- 1 yemek kaşığı zeytinyağı
- 3 diş sarımsak, doğranmış
- 1 su bardağı düşük sodyumlu et suyu
- 2 yemek kaşığı tatlı kırmızı biber
- tatmak için karabiber
- 1 yemek kaşığı doğranmış frenk soğanı

Başlıklar:

1. Tavayı orta ateşte yağla ısıtın, soğanı ve eti ekleyin, karıştırın ve 5 dakika kızartın.
2. Diğer malzemeleri ekleyin, karıştırın, ısıyı orta dereceye düşürün, kapağını kapatın ve 40 dakika pişirin.
3. Karışımı tabaklara paylaştırıp servis yapın.

Beslenme: Kalori 407, yağ 35,4, lif 1, karbonhidrat 5, protein 14,9

Havuçlu kırmızı biber domuz eti

Hazırlama süresi: 10 dakika.
Hazırlama süresi: 30 dakika.
Porsiyon: 4

İçindekiler:
- 1 kilo domuz eti, doğranmış
- ¼ bardak düşük sodyumlu sebze suyu
- 2 havuç, soyulmuş ve dilimlenmiş
- 2 yemek kaşığı zeytinyağı
- 1 kırmızı soğan dilimlenmiş
- 2 çay kaşığı tatlı kırmızı biber
- tatmak için karabiber

Başlıklar:
1. Tavayı orta ateşte yağla ısıtın, soğanı ekleyin, karıştırın ve 5 dakika kızartın.
2. Eti ekleyin, karıştırın ve 5 dakika daha kızartın.
3. Diğer malzemeleri ekleyin, kaynatın ve orta ateşte 20 dakika pişirin.
4. Karışımı tabaklara paylaştırıp servis yapın.

Beslenme: Kalori 328, yağ 18,1, lif 1,8, karbonhidrat 6,4, protein 34

Zencefil ve soğan ile domuz eti

Hazırlama süresi: 10 dakika.
Hazırlama süresi: 35 dakika.
Porsiyon: 4

İçindekiler:

- 2 kırmızı soğan, dilimlenmiş
- 2 adet doğranmış yeşil soğan
- 1 yemek kaşığı zeytinyağı
- 2 çay kaşığı rendelenmiş zencefil
- 4 domuz pirzolası
- 3 diş sarımsak, doğranmış
- tatmak için karabiber
- 1 ince doğranmış havuç
- 1 su bardağı düşük sodyumlu et suyu
- 2 yemek kaşığı domates salçası
- 1 yemek kaşığı kıyılmış kişniş

Başlıklar:

1. Tavayı orta ateşte yağla ısıtın, yeşil ve kırmızı soğanları ekleyin ve 3 dakika karıştırarak pişirin.
2. Sarımsak ve zencefili ekleyin, karıştırın ve 2 dakika daha pişirin.
3. Domuz eti dilimlerini ekleyin ve her iki tarafını da 2 dakika pişirin.
4. Geri kalan malzemeleri ekleyin, kaynatın ve orta ateşte 25 dakika daha pişirin.
5. Karışımı tabaklara paylaştırıp servis yapın.

Beslenme:kalori 332, yağ 23,6, lif 2,3, karbonhidratlar 10,1, protein 19,9

Kimyonlu domuz eti

Hazırlama süresi: 10 dakika.
Hazırlama süresi: 45 dakika.
Porsiyon: 4

İçindekiler:

- ½ su bardağı düşük sodyumlu et suyu
- 2 yemek kaşığı zeytinyağı
- Güveç için 2 kilo domuz eti, doğranmış
- 1 çay kaşığı öğütülmüş kişniş
- 2 çay kaşığı öğütülmüş kimyon
- tatmak için karabiber
- 1 su bardağı kiraz domates, ikiye bölünmüş
- 4 diş sarımsak, doğranmış
- 1 yemek kaşığı kıyılmış kişniş

Başlıklar:

1. Tavayı orta ateşte yağla ısıtın, sarımsağı ve eti ekleyin, karıştırın ve 5 dakika kızartın.
2. Et suyunu ve diğer malzemeleri ekleyip kaynatın ve orta ateşte 40 dakika pişirin.
3. Tamamını tabaklara paylaştırıp servis yapın.

Beslenme: Kalori 559, yağ 29,3, lif 0,7, karbonhidrat 3,2, protein 67,4

Domuz eti ve sebze karışımı

Hazırlama süresi: 10 dakika.
Hazırlama süresi: 20 dakika.
Porsiyon: 4

İçindekiler:
- 2 yemek kaşığı balzamik sirke
- 1/3 su bardağı hindistan cevizi amino asitleri
- 1 yemek kaşığı zeytinyağı
- 4 ons karışık salata yeşillikleri
- 1 su bardağı kiraz domates, ikiye bölünmüş
- 4 ons kızarmış domuz eti, şeritler halinde kesilmiş
- 1 yemek kaşığı doğranmış frenk soğanı

Başlıklar:
1. Tavayı orta ateşte yağla ısıtın, domuz etini, amino asitleri ve sirkeyi ekleyin, karıştırın ve 15 dakika pişirin.
2. Salata yapraklarını ve diğer malzemeleri ekleyip karıştırın, 5 dakika daha pişirin, tabaklara paylaştırıp servis yapın.

Beslenme:kalori 125, yağ 6,4, lif 0,6, karbonhidratlar 6,8, protein 9,1

Kekik ile domuz eti kızartma

Hazırlama süresi: 10 dakika.
Hazırlama süresi: 25 dakika.
Porsiyon: 4

İçindekiler:

- 1 kilo domuz filetosu, kesilmiş ve küp şeklinde doğranmış
- 1 yemek kaşığı zeytinyağı
- 1 ince doğranmış sarı soğan
- 3 diş sarımsak, doğranmış
- 1 yemek kaşığı kurutulmuş kekik
- 1 bardak düşük sodyumlu tavuk suyu
- 2 yemek kaşığı düşük sodyumlu domates salçası
- 1 yemek kaşığı kıyılmış kişniş

Başlıklar:

1. Tavayı orta ateşte yağla ısıtın, soğanı ve sarımsağı ekleyip 5 dakika karıştırarak pişirin.
2. Eti ekleyin, karıştırın ve 5 dakika daha pişirin.
3. Geri kalan malzemeleri ekleyin, karıştırın, kaynatın, ısıyı orta seviyeye düşürün ve 15 dakika daha pişirin.
4. Karışımı tabaklara paylaştırıp hemen servis yapın.

Beslenme: Kalori 281, yağ 11,2, lif 1,4, karbonhidrat 6,8, protein 37,1

Domuz mercanköşk ve kabak

Hazırlama süresi: 10 dakika.
Hazırlama süresi: 30 dakika.
Porsiyon: 4

İçindekiler:

- 2 kilo kemiksiz domuz filetosu, kesilmiş ve küp şeklinde doğranmış
- 2 yemek kaşığı avokado yağı
- ¾ bardak düşük sodyumlu sebze suyu
- ½ yemek kaşığı sarımsak tozu
- 1 yemek kaşığı doğranmış mercanköşk
- 2 kabak, doğranmış
- 1 çay kaşığı tatlı kırmızı biber
- tatmak için karabiber

Başlıklar:

1. Tavayı orta ateşte yağla ısıtın, eti, sarımsak tozunu ve mercanköşkünü ekleyin, 10 dakika karıştırarak kızartın.
2. Kabağı ve diğer malzemeleri ekleyin, karıştırın, kaynatın, ısıyı orta seviyeye düşürün ve 20 dakika daha pişirin.
3. Tamamını tabaklara paylaştırıp servis yapın.

Beslenme: Kalori 359, yağ 9,1, lif 2,1, karbonhidrat 5,7, protein 61,4

baharatlı domuz eti

Hazırlama süresi: 10 dakika.
Hazırlama süresi: 8 saat.
Porsiyon: 4

İçindekiler:

- 3 yemek kaşığı zeytinyağı
- 2 kilo kızarmış domuz filetosu
- 2 çay kaşığı tatlı kırmızı biber
- 1 çay kaşığı sarımsak tozu
- 1 çay kaşığı soğan tozu
- 1 çay kaşığı öğütülmüş hindistan cevizi
- 1 çay kaşığı yenibahar, öğütülmüş
- tatmak için karabiber
- 1 su bardağı düşük sodyumlu sebze suyu

Başlıklar:

1. Kızartmayı yavaş pişiricide yağ ve diğer malzemelerle birleştirin, karıştırın, üzerini örtün ve 8 saat boyunca kısık ateşte pişirin.
2. Biftekleri dilimler halinde kesin, tabaklara bölün ve üzerine gezdirilen pişirme suyuyla servis yapın.

Beslenme: Kalori 689, yağ 57,1, lif 1, karbonhidrat 3,2, protein 38,8

Hindistan cevizi ve kereviz ile domuz eti

Hazırlama süresi: 10 dakika.
Hazırlama süresi: 35 dakika.
Porsiyon: 4

İçindekiler:

- Güveç için 2 kilo domuz eti, doğranmış
- 2 yemek kaşığı zeytinyağı
- 1 su bardağı düşük sodyumlu sebze suyu
- 1 sap kereviz, doğranmış
- 1 çay kaşığı karabiber
- 2 arpacık, ince doğranmış
- 1 yemek kaşığı doğranmış frenk soğanı
- 1 su bardağı hindistan cevizi kreması
- tatmak için karabiber

Başlıklar:

1. Tavayı orta ateşte yağla ısıtın, arpacık soğanı ve eti ekleyin, karıştırın ve 5 dakika kızartın.
2. Kereviz ve diğer malzemeleri ekleyin, karıştırın, kaynatın ve orta ateşte 30 dakika daha pişirin.
3. Tamamını tabaklara bölüştürün ve hemen servis yapın.

Beslenme: Kalori 690, yağ 43,3, lif 1,8, karbonhidrat 5,7, protein 6,2

Domuz eti-domates karışımı

Hazırlama süresi: 10 dakika.
Hazırlama süresi: 30 dakika.
Porsiyon: 4

İçindekiler:
- 2 diş ince kıyılmış sarımsak
- 2 kilo kıymalı domuz yahnisi
- 2 su bardağı kiraz domates, ikiye bölünmüş
- 1 yemek kaşığı zeytinyağı
- tatmak için karabiber
- 1 kırmızı soğan, doğranmış
- ½ bardak düşük sodyumlu sebze suyu
- 2 yemek kaşığı düşük sodyumlu domates salçası
- 1 yemek kaşığı kıyılmış maydanoz

Başlıklar:
1. Tavayı orta ateşte yağla ısıtın, soğanı ve sarımsağı ekleyin, karıştırın ve 5 dakika kızartın.
2. Eti ekleyin ve 5 dakika daha kızartın.
3. Diğer malzemeleri ekleyip karıştırın, kaynatın, orta ateşte 20 dakika daha pişirin, kaselere paylaştırıp servis yapın.

Beslenme: Kalori 558, yağ 25,6, lif 2,4, karbonhidrat 10,1, protein 68,7

Adaçayı ile domuz pirzolası

Hazırlama süresi: 10 dakika.
Hazırlama süresi: 35 dakika.
Porsiyon: 4

İçindekiler:

- 4 domuz pirzolası
- 2 yemek kaşığı zeytinyağı
- 1 çay kaşığı füme kırmızı biber
- 1 yemek kaşığı kıyılmış adaçayı
- 2 diş ince kıyılmış sarımsak
- 1 yemek kaşığı limon suyu
- tatmak için karabiber

Başlıklar:

1. Domuz pirzolalarını fırına dayanıklı bir tabakta yağ ve diğer malzemelerle birleştirin, karıştırın, fırına koyun ve 400F'de 35 dakika pişirin.
2. Domuz eti dilimlerini tabaklara paylaştırın ve salatayla birlikte servis yapın.

Beslenme: Kalori 263, yağ 12,4, lif 6, karbonhidrat 22,2, protein 16

Tayland domuz eti ve patlıcan

Hazırlama süresi: 10 dakika.
Hazırlama süresi: 30 dakika.
Porsiyon: 4

İçindekiler:
- 1 kilo domuz eti, doğranmış
- 1 adet doğranmış patlıcan
- 1 yemek kaşığı hindistancevizi amino asitleri
- 1 çay kaşığı beş baharat
- 2 diş ince kıyılmış sarımsak
- 2 Tay biberi, ince doğranmış
- 2 yemek kaşığı zeytinyağı
- 2 yemek kaşığı düşük sodyumlu domates salçası
- 1 yemek kaşığı kıyılmış kişniş
- ½ bardak düşük sodyumlu sebze suyu

Başlıklar:
1. Tavayı orta-yüksek ateşte yağla ısıtın, sarımsağı, kırmızı biberi ve eti ekleyin ve 6 dakika kızartın.
2. Patlıcanı ve diğer malzemeleri ekleyip kaynatın ve orta ateşte 24 dakika pişirin.
3. Karışımı tabaklara paylaştırıp servis yapın.

Beslenme: Kalori 320, yağ 13,4, lif 5,2, karbonhidrat 22,8, protein 14

Domuz eti ve limon frenk soğanı

Hazırlama süresi: 10 dakika.
Hazırlama süresi: 30 dakika.
Porsiyon: 4

İçindekiler:
- 2 yemek kaşığı limon suyu
- 4 adet ince doğranmış frenk soğanı
- 1 kilo domuz eti, doğranmış
- 2 diş ince kıyılmış sarımsak
- 2 yemek kaşığı zeytinyağı
- tatmak için karabiber
- ½ bardak düşük sodyumlu sebze suyu
- 1 yemek kaşığı kıyılmış kişniş

Başlıklar:
1. Tavayı orta ateşte yağla ısıtın, frenk soğanı ve sarımsağı ekleyin ve 5 dakika karıştırarak pişirin.
2. Eti ekleyin, karıştırın ve 5 dakika daha pişirin.
3. Diğer malzemeleri ekleyin, kaynatın ve orta ateşte 20 dakika pişirin.
4. Karışımı tabaklara paylaştırıp servis yapın.

Beslenme: Kalori 273, yağ 22,4, lif 5, karbonhidrat 12,5, protein 18

balzamik domuz eti

Hazırlama süresi: 10 dakika.
Hazırlama süresi: 30 dakika.
Porsiyon: 4

İçindekiler:

- 1 kırmızı soğan dilimlenmiş
- 1 kilo domuz eti, doğranmış
- 2 kırmızı biber, doğranmış
- 2 yemek kaşığı balzamik sirke
- ½ bardak kıyılmış kişniş yaprağı
- tatmak için karabiber
- 2 yemek kaşığı zeytinyağı
- 1 yemek kaşığı düşük sodyumlu domates sosu

Başlıklar:

1. Tavayı orta ateşte yağla ısıtın, soğanı ve kırmızı biberi ekleyin, karıştırın ve 5 dakika kızartın.
2. Eti ekleyin, karıştırın ve 5 dakika daha pişirin.
3. Geri kalan malzemeleri ekleyin, karıştırın, kaynatın ve orta ateşte 20 dakika daha pişirin.
4. Tamamını tabaklara bölüştürün ve hemen servis yapın.

Beslenme: Kalori 331, yağ 13,3, lif 5, karbonhidrat 22,7, protein 17

pesto domuz eti

Hazırlama süresi: 10 dakika.
Hazırlama süresi: 36 dakika.
Porsiyon: 4

İçindekiler:
- 2 yemek kaşığı zeytinyağı
- 2 adet ince doğranmış frenk soğanı
- 500 gr domuz pirzolası
- 2 yemek kaşığı fesleğen pesto
- 1 su bardağı doğranmış kiraz domates
- 2 yemek kaşığı düşük sodyumlu domates salçası
- ½ su bardağı kıyılmış maydanoz
- ½ bardak düşük sodyumlu sebze suyu
- tatmak için karabiber

Başlıklar:
1. Tavayı zeytinyağıyla birlikte orta ateşte ısıtın, taze soğanları ve dilimleri ekleyip her iki tarafını da 3 dakika kızartın.
2. Pesto ve diğer malzemeleri ekleyip hafifçe karıştırın, kaynatın ve orta ateşte 30 dakika daha pişirin.
3. Tamamını tabaklara paylaştırıp servis yapın.

Beslenme: Kalori 293, yağ 11,3, lif 4,2, karbonhidrat 22,2, protein 14

domuz eti biber ve maydanoz

Hazırlama süresi: 10 dakika.
Hazırlama süresi: 1 saat.
Porsiyon: 4

İçindekiler:

- 1 doğranmış yeşil biber
- 1 kırmızı biber, doğranmış
- 1 ince doğranmış sarı biber
- 1 kırmızı soğan, doğranmış
- 500 gr domuz pirzolası
- 1 yemek kaşığı zeytinyağı
- tatmak için karabiber
- 26 ons konserve domates, tuzsuz ve doğranmış
- 2 yemek kaşığı kıyılmış maydanoz

Başlıklar:

1. Tavayı yağla yağlayın, domuz eti dilimlerini içine koyun ve diğer malzemeleri ekleyin.
2. 390 F'de 1 saat pişirin, tabaklara paylaştırın ve servis yapın.

Beslenme: Kalori 284, yağ 11,6, lif 2,6, karbonhidratlar 22,2, protein 14

kimyon ve kuzu karışımı

Hazırlama süresi: 10 dakika.
Hazırlama süresi: 25 dakika.
Porsiyon: 4

İçindekiler:
- 1 yemek kaşığı zeytinyağı
- 1 kırmızı soğan, doğranmış
- 1 su bardağı kiraz domates, ikiye bölünmüş
- 1 kilo kuzu yahnisi, kıyılmış
- 1 yemek kaşığı biber tozu
- tatmak için karabiber
- 2 çay kaşığı öğütülmüş kimyon
- 1 su bardağı düşük sodyumlu sebze suyu
- 2 yemek kaşığı kıyılmış kişniş

Başlıklar:
1. Tavayı orta ateşte yağla ısıtın, soğanı, kuzu eti ve biber tozunu ekleyin, karıştırın ve 10 dakika pişirin.
2. Geri kalan malzemeleri ekleyin, karıştırın ve orta ateşte 15 dakika daha pişirin.
3. Kaselere paylaştırıp servis yapın.

Beslenme: Kalori 320, yağ 12,7, lif 6, karbonhidrat 14,3, protein 22

Turp ve yeşil fasulye ile domuz eti

Hazırlama süresi: 10 dakika.
Hazırlama süresi: 35 dakika.
Porsiyon: 4

İçindekiler:

- 1 kilo domuz eti, doğranmış
- 1 bardak turp, doğranmış
- ½ pound yeşil fasulye, kesilmiş ve yarıya bölünmüş
- 1 ince doğranmış sarı soğan
- 1 yemek kaşığı zeytinyağı
- 2 diş ince kıyılmış sarımsak
- 1 su bardağı konserve domates, tuzsuz ve doğranmış
- 2 çay kaşığı kurutulmuş kekik
- tatmak için karabiber

Başlıklar:

1. Tavayı orta ateşte yağla ısıtın, soğanı ve sarımsağı ekleyip 5 dakika karıştırarak pişirin.
2. Eti ekleyin, karıştırın ve 5 dakika daha pişirin.
3. Diğer malzemeleri ekleyin, kaynatın ve orta ateşte 25 dakika pişirin.
4. Her şeyi kaselere paylaştırıp servis yapın.

Beslenme: Kalori 289, yağ 12, lif 8, karbonhidrat 13,2, protein 20

Rezene ve mantarlı kuzu

Hazırlama süresi: 10 dakika.
Hazırlama süresi: 40 dakika.
Porsiyon: 4

İçindekiler:
- 1 kilo kuzu omuz, kemikli ve kuşbaşı
- 8 beyaz mantar ikiye bölünmüş
- 2 yemek kaşığı zeytinyağı
- 1 ince doğranmış sarı soğan
- 2 diş ince kıyılmış sarımsak
- 1 ve ½ yemek kaşığı rezene tozu
- tatmak için karabiber
- Bir avuç doğranmış frenk soğanı
- 1 su bardağı düşük sodyumlu sebze suyu

Başlıklar:
1. Tavayı orta ateşte yağla ısıtın, soğanı ve sarımsağı ekleyin, karıştırın ve 5 dakika kızartın.
2. Eti ve mantarları ekleyin, karıştırın ve 5 dakika daha pişirin.
3. Diğer malzemeleri ekleyin, karıştırın, kaynatın ve orta ateşte 30 dakika pişirin.
4. Karışımı kaselere paylaştırıp servis yapın.

Beslenme: Kalori 290, yağ 15,3, lif 7, karbonhidrat 14,9, protein 14

Domuz eti güveç ve ıspanak

Hazırlama süresi: 10 dakika.
Hazırlama süresi: 30 dakika.
Porsiyon: 4

İçindekiler:

- 1 kilo domuz eti, kıyılmış
- 2 yemek kaşığı zeytinyağı
- 1 kırmızı soğan, doğranmış
- ½ kilo bebek ıspanak
- 4 diş sarımsak, doğranmış
- ½ bardak düşük sodyumlu sebze suyu
- ½ bardak konserve domates, tuzsuz, doğranmış
- tatmak için karabiber
- 1 yemek kaşığı doğranmış frenk soğanı

Başlıklar:

1. Tavayı orta ateşte yağla ısıtın, soğanı ve sarımsağı ekleyip 5 dakika karıştırarak pişirin.
2. Eti ekleyin, karıştırın ve 5 dakika daha kızartın.
3. Ispanak dışındaki diğer malzemeleri ekleyin, karıştırın, kaynatın, ısıyı orta seviyeye düşürün ve 15 dakika pişirin.
4. Ispanakları ekleyip karıştırın, 5 dakika daha pişirin, kaselere paylaştırıp servis yapın.

Beslenme: Kalori 270, yağ 12, lif 6, karbonhidrat 22,2, protein 23

Avokadolu domuz eti

Hazırlama süresi: 10 dakika.
Hazırlama süresi: 15 dakika.
Porsiyon: 4

İçindekiler:

- 2 su bardağı bebek ıspanak
- 1 kilo domuz bonfile, şeritler halinde kesilmiş
- 1 yemek kaşığı zeytinyağı
- 1 su bardağı kiraz domates, ikiye bölünmüş
- 2 avokado, soyulmuş, çekirdeği çıkarılmış ve doğranmış
- 1 yemek kaşığı balzamik sirke
- ½ bardak düşük sodyumlu sebze suyu

Başlıklar:

1. Tavayı orta-yüksek ateşte yağla ısıtın, eti ekleyin, karıştırın ve 10 dakika pişirin.
2. Ispanağı ve diğer malzemeleri ekleyip karıştırın, 5 dakika daha pişirin, kaselere bölüştürün ve servis yapın.

Beslenme: Kalori 390, yağ 12,5, lif 4, karbonhidrat 16,8, protein 13,5

Domuz-elma karışımı

Hazırlama süresi: 10 dakika.
Hazırlama süresi: 40 dakika.
Porsiyon: 4

İçindekiler:
- 2 kilo haşlanmış domuz eti, şeritler halinde kesilmiş
- 2 adet yeşil elma, çekirdekleri çıkarılmış ve doğranmış
- 2 diş ince kıyılmış sarımsak
- 2 arpacık, ince doğranmış
- 1 yemek kaşığı tatlı kırmızı biber
- ½ çay kaşığı biber tozu
- 2 yemek kaşığı avokado yağı
- 1 bardak düşük sodyumlu tavuk suyu
- tatmak için karabiber
- Bir tutam kırmızı biber gevreği

Başlıklar:
1. Tavayı orta ateşte yağla ısıtın, arpacık soğanı ve sarımsağı ekleyin ve 5 dakika karıştırarak pişirin.
2. Eti ekleyin ve 5 dakika daha kızartın.
3. Elmayı ve diğer malzemeleri ekleyin, karıştırın, kaynatın ve orta ateşte 30 dakika daha pişirin.
4. Tamamını tabaklara paylaştırıp servis yapın.

Beslenme: Kalori 365, yağ 7, lif 6, karbonhidrat 15,6, protein 32,4

Tarçınlı domuz pirzolası

Hazırlama süresi: 10 dakika.
Yemek zamanı:1 saat 10 dakika
Porsiyon: 4

İçindekiler:
- 4 domuz pirzolası
- 2 yemek kaşığı zeytinyağı
- 2 diş ince kıyılmış sarımsak
- ¼ bardak düşük sodyumlu sebze suyu
- 1 yemek kaşığı öğütülmüş tarçın
- tatmak için karabiber
- 1 çay kaşığı biber tozu
- ½ çay kaşığı soğan tozu

Başlıklar:
1. Bir tavada domuz pirzolalarını yağ ve diğer malzemelerle birleştirin, karıştırın, fırına koyun ve 390 F'de 1 saat 10 dakika pişirin.
2. Domuz eti dilimlerini tabaklara paylaştırın ve salatayla birlikte servis yapın.

Beslenme: Kalori 288, yağ 5,5, lif 6, karbonhidrat 12,7, protein 23

Hindistan cevizi domuz pirzolası

Hazırlama süresi: 10 dakika.
Hazırlama süresi: 20 dakika.
Porsiyon: 4

İçindekiler:

- 2 yemek kaşığı zeytinyağı
- 4 domuz pirzolası
- 1 ince doğranmış sarı soğan
- 1 yemek kaşığı biber tozu
- 1 bardak hindistan cevizi sütü
- ¼ bardak kıyılmış kişniş

Başlıklar:

1. Tavayı orta-yüksek ateşte yağla ısıtın, soğanı ve biber tozunu ekleyin, karıştırın ve 5 dakika kızartın.
2. Pirzolaları ekleyin ve her iki tarafını da 2 dakika kızartın.
3. Hindistan cevizi sütünü ekleyin, karıştırın, kaynatın ve orta ateşte 11 dakika daha pişirin.
4. Kişniş ekleyin, karıştırın, kaselere paylaştırın ve servis yapın.

Beslenme: Kalori 310, yağ 8, lif 6, karbonhidrat 16,7, protein 22,1

Karışık şeftalili domuz eti

Hazırlama süresi: 10 dakika.
Hazırlama süresi: 25 dakika.
Porsiyon: 4

İçindekiler:

- 2 kilo domuz filetosu, küp şeklinde kesilmiş
- 2 şeftali, çekirdeği çıkarılmış ve dörde bölünmüş
- ¼ çay kaşığı soğan tozu
- 2 yemek kaşığı zeytinyağı
- ¼ çay kaşığı füme kırmızı biber
- ¼ bardak düşük sodyumlu sebze suyu
- tatmak için karabiber

Başlıklar:

1. Tavayı orta ateşte yağla ısıtın, eti ekleyin, karıştırın ve 10 dakika kızartın.
2. Şeftalileri ve diğer malzemeleri ekleyip karıştırın, kaynatın ve orta ateşte 15 dakika daha pişirin.
3. Karışımın tamamını tabaklara paylaştırıp servis yapın.

Beslenme: Kalori 290, yağ 11,8, lif 5,4, karbonhidrat 13,7, protein 24

Kakaolu ve turplu kuzu eti

Hazırlama süresi: 10 dakika.
Hazırlama süresi: 35 dakika.
Porsiyon: 4

İçindekiler:

- ½ bardak düşük sodyumlu sebze suyu
- 1 kilo kuzu yahnisi, küp şeklinde doğranmış
- 1 bardak turp, doğranmış
- 1 yemek kaşığı kakao tozu
- tatmak için karabiber
- 1 ince doğranmış sarı soğan
- 1 yemek kaşığı zeytinyağı
- 2 diş ince kıyılmış sarımsak
- 1 yemek kaşığı kıyılmış maydanoz

Başlıklar:

1. Tavayı orta ateşte yağla ısıtın, soğanı ve sarımsağı ekleyip 5 dakika karıştırarak pişirin.
2. Eti ekleyin, karıştırın ve her iki tarafını da 2 dakika kızartın.
3. Et suyunu ve diğer malzemeleri ekleyin, karıştırın, kaynatın ve orta ateşte 25 dakika daha pişirin.
4. Tamamını tabaklara paylaştırıp servis yapın.

Beslenme: Kalori 340, yağ 12,4, lif 9,3, karbonhidrat 33,14, protein 20

Limonlu ve enginarlı domuz eti

Hazırlama süresi: 10 dakika.
Hazırlama süresi: 25 dakika.
Porsiyon: 4

İçindekiler:

- 2 kilo haşlanmış domuz eti, şeritler halinde kesilmiş
- 2 yemek kaşığı avokado yağı
- 1 yemek kaşığı limon suyu
- 1 yemek kaşığı rendelenmiş limon kabuğu
- 1 bardak konserve enginar, süzülmüş ve dörde bölünmüş
- 1 kırmızı soğan, doğranmış
- 2 diş ince kıyılmış sarımsak
- ½ çay kaşığı biber tozu
- tatmak için karabiber
- 1 çay kaşığı tatlı kırmızı biber
- 1 doğranmış jalapeno
- ¼ bardak düşük sodyumlu sebze suyu
- ¼ bardak doğranmış biberiye

Başlıklar:

1. Tavayı orta ateşte yağla ısıtın, soğanı ve sarımsağı ekleyin, karıştırın ve 4 dakika kızartın.
2. Eti, enginarı, toz biberi, jalapeno biberini ve kırmızı biberi ekleyin, karıştırın ve 6 dakika daha pişirin.
3. Geri kalan malzemeleri ekleyin, karıştırın, kaynatın ve orta ateşte 15 dakika daha pişirin.
4. Karışımın tamamını kaselere paylaştırıp servis yapın.

Beslenme: Kalori 350, yağ 12, lif 4,3, karbonhidrat 35,7, protein 14,5

Kişniş soslu domuz eti

Hazırlama süresi: 10 dakika.
Hazırlama süresi: 20 dakika.
Porsiyon: 4

İçindekiler:
- 2 kilo haşlanmış domuz eti, kabaca doğranmış
- 1 bardak kişniş yaprağı
- 4 yemek kaşığı zeytinyağı
- 1 yemek kaşığı çam fıstığı
- 1 yemek kaşığı rendelenmiş yağsız Parmesan
- 1 yemek kaşığı limon suyu
- 1 çay kaşığı biber tozu
- tatmak için karabiber

Başlıklar:
1. Kişnişi çam fıstığı, 3 yemek kaşığı yağ, Parmesan ve limon suyuyla bir karıştırıcıda birleştirin ve iyice nabız atın.
2. Tavayı kalan yağla birlikte orta ateşte ısıtın, eti, toz biberi ve karabiberi ekleyip karıştırın ve 5 dakika kızartın.
3. Kişniş sosunu ekleyin ve ara sıra karıştırarak orta ateşte 15 dakika daha pişirin.
4. Domuz eti tabaklara paylaştırın ve hemen servis yapın.

Beslenme: Kalori 270, yağ 6,6, lif 7, karbonhidrat 12,6, protein 22,4

Mango karışımı ile domuz eti

Hazırlama süresi: 10 dakika.
Hazırlama süresi: 25 dakika.
Porsiyon: 4

İçindekiler:

- 2 arpacık, ince doğranmış
- 2 yemek kaşığı avokado yağı
- 1 kilo domuz eti, doğranmış
- 1 mango, soyulmuş ve doğranmış
- 2 diş ince kıyılmış sarımsak
- 1 su bardağı doğranmış domates
- tatmak için karabiber
- ½ bardak doğranmış fesleğen

Başlıklar:

1. Tavayı orta ateşte yağla ısıtın, arpacık soğanı ve sarımsağı ekleyin ve 5 dakika karıştırarak pişirin.
2. Eti ekleyin, karıştırın ve 5 dakika daha pişirin.
3. Geri kalan malzemeleri ekleyin, karıştırın, kaynatın ve orta ateşte 15 dakika daha pişirin.
4. Karışımı kaselere paylaştırıp servis yapın.

Beslenme: Kalori 361, yağ 11, lif 5,1, karbonhidrat 16,8, protein 22

Biberiye ve limonlu tatlı domuz patatesi

Hazırlama süresi: 10 dakika.
Hazırlama süresi: 35 dakika.
Porsiyon: 4

İçindekiler:
- 1 kırmızı soğan, doğranmış
- 2 tatlı patates, soyulmuş ve doğranmış
- 4 domuz pirzolası
- 1 yemek kaşığı kıyılmış biberiye
- 1 yemek kaşığı limon suyu
- 2 çay kaşığı zeytinyağı
- tatmak için karabiber
- 2 çay kaşığı ince kıyılmış kekik
- ½ bardak düşük sodyumlu sebze suyu

Başlıklar:
1. Bir tavada domuz pirzolalarını patates, soğan ve diğer malzemelerle birleştirin ve yavaşça karıştırın.
2. 400 derecede 35 dakika pişirin, her şeyi tabaklara paylaştırın ve servis yapın.

Beslenme:kalori 410, yağ 14,7, lif 14,2, karbonhidratlar 15,3, protein 33,4

Nohutlu domuz eti

Hazırlama süresi: 10 dakika.
Hazırlama süresi: 25 dakika.
Porsiyon: 4

İçindekiler:

- 1 kilo domuz eti, doğranmış
- 1 su bardağı konserve nohut, tuzsuz, süzülmüş
- 1 ince doğranmış sarı soğan
- 1 yemek kaşığı zeytinyağı
- tatmak için karabiber
- 10 ons konserve domates, tuzsuz ve doğranmış
- 2 yemek kaşığı kıyılmış kişniş

Başlıklar:

1. Tavayı orta-yüksek ateşte yağla ısıtın, soğanı ekleyin, karıştırın ve 5 dakika kızartın.
2. Eti ekleyin, karıştırın ve 5 dakika daha pişirin.
3. Diğer malzemeleri ekleyip karıştırın, orta ateşte 15 dakika pişirin, kaselere paylaştırıp servis yapın.

Beslenme:kalori 476, yağ 17,6, lif 10,2, karbonhidratlar 35,7, protein 43,8

Lahana ile kuzu pirzolası

Hazırlama süresi: 10 dakika.
Hazırlama süresi: 35 dakika.
Porsiyon: 4

İçindekiler:

- 1 bardak lahana, kıyılmış
- 500 gr kuzu pirzolası
- ½ bardak düşük sodyumlu sebze suyu
- 2 yemek kaşığı düşük sodyumlu domates salçası
- 1 sarı soğan, dilimlenmiş
- 1 yemek kaşığı zeytinyağı
- Bir tutam karabiber

Başlıklar:

1. Fırın tepsisini yağla yağlayın, içine kuzu dilimlerini dizin, lahanayı ve diğer malzemeleri ekleyin ve dikkatlice karıştırın.
2. Her şeyi 390 F'de 35 dakika pişirin, tabaklara paylaştırın ve servis yapın.

Beslenme: Kalori 275, yağ 11,8, lif 1,4, karbonhidrat 7,3, protein 33,6

biberli kuzu

Hazırlama süresi: 10 dakika.
Hazırlama süresi: 45 dakika.
Porsiyon: 4

İçindekiler:

- 2 kilo kuşbaşı kuzu yahnisi
- 1 yemek kaşığı avokado yağı
- 1 çay kaşığı biber tozu
- 1 çay kaşığı acı biber
- 2 kırmızı soğan, ince doğranmış
- 1 su bardağı düşük sodyumlu sebze suyu
- ½ bardak düşük sodyumlu domates sosu
- 1 yemek kaşığı kıyılmış kişniş

Başlıklar:

1. Tavayı orta ateşte yağla ısıtın, soğanı ve eti ekleyin ve 10 dakika kızartın.
2. Biber tozu ve kişniş hariç diğer tüm malzemeleri ekleyin, karıştırın, kaynatın ve orta ateşte 35 dakika daha pişirin.
3. Karışımı kaselere paylaştırıp üzerine karabiber serperek servis yapın.

Beslenme: kalori 463, yağ 17,3, lif 2,3, karbonhidratlar 8,4, protein 65,1

Pırasa ve biberli domuz eti

Hazırlama süresi: 10 dakika.
Hazırlama süresi: 45 dakika.
Porsiyon: 4

İçindekiler:
- 2 kilo haşlanmış domuz eti, kabaca doğranmış
- 2 pırasa, dilimlenmiş
- 2 yemek kaşığı zeytinyağı
- 2 diş ince kıyılmış sarımsak
- 1 çay kaşığı tatlı kırmızı biber
- 1 yemek kaşığı kıyılmış maydanoz
- 1 su bardağı düşük sodyumlu sebze suyu
- tatmak için karabiber

Başlıklar:
1. Tavayı orta ateşte yağla ısıtın, pırasayı, sarımsağı ve kırmızı biberi ekleyip 10 dakika karıştırarak kızartın.
2. Eti ekleyin ve 5 dakika daha kızartın.
3. Diğer malzemeleri ekleyip karıştırın, orta ateşte 30 dakika pişirin, kaselere paylaştırıp servis yapın.

Beslenme: Kalori 577, yağ 29,1, lif 1,3, karbonhidrat 8,2, protein 67,5

Domuz pirzolası ve bezelye

Hazırlama süresi: 10 dakika.
Hazırlama süresi: 25 dakika.
Porsiyon: 4

İçindekiler:

- 4 domuz pirzolası
- 2 yemek kaşığı zeytinyağı
- 2 arpacık, ince doğranmış
- 1 bardak bezelye
- 1 su bardağı düşük sodyumlu sebze suyu
- 2 yemek kaşığı tuzsuz domates salçası
- 1 yemek kaşığı kıyılmış maydanoz

Başlıklar:

1. Tavayı orta ateşte yağla ısıtın, arpacık soğanı ekleyin, karıştırın ve 5 dakika kızartın.
2. Pirzolaları ekleyin ve her iki tarafını da 2 dakika kızartın.
3. Diğer malzemeleri ekleyin, kaynatın ve orta ateşte 15 dakika pişirin.
4. Karışımı tabaklara paylaştırıp servis yapın.

Beslenme:kalori 357, yağ 27, lif 1,9, karbonhidratlar 7,7, protein 20,7

domuz eti mısır ve nane

Hazırlama süresi: 10 dakika.
Hazırlama süresi: 1 saat.
Porsiyon: 4

İçindekiler:
- 4 domuz pirzolası
- 1 su bardağı düşük sodyumlu sebze suyu
- 1 bardak mısır
- 1 yemek kaşığı kıyılmış nane
- 1 çay kaşığı tatlı kırmızı biber
- tatmak için karabiber
- 1 yemek kaşığı zeytinyağı

Başlıklar:
1. Domuz pirzolalarını bir tavaya koyun, geri kalan malzemeleri ekleyin, karıştırın, fırına koyun ve 380 derecede 1 saat pişirin.
2. Tamamını tabaklara paylaştırıp servis yapın.

Beslenme: Kalori 356, yağ 14, lif 5,4, karbonhidrat 11,0, protein 1

dereotu ile kuzu

Hazırlama süresi: 10 dakika.
Hazırlama süresi: 25 dakika.
Porsiyon: 4

İçindekiler:

- 2 limonun suyu
- 1 yemek kaşığı rendelenmiş limon kabuğu rendesi
- 1 yemek kaşığı kıyılmış dereotu
- 2 diş ince kıyılmış sarımsak
- 2 yemek kaşığı zeytinyağı
- 2 kilo kuzu eti, doğranmış
- 1 su bardağı kıyılmış kişniş
- tatmak için karabiber

Başlıklar:

1. Tavayı orta-yüksek ateşte yağla ısıtın, sarımsağı ve eti ekleyin ve her iki tarafını da 4 dakika kızartın.
2. Limon suyunu ve diğer malzemeleri ekleyin ve düzenli olarak karıştırarak 15 dakika daha pişirin.
3. Tamamını tabaklara paylaştırıp servis yapın.

Beslenme: Kalori 370, yağ 11,7, lif 4,2, karbonhidrat 8,9, protein 20

Karanfil ve zeytinli domuz pirzolası

Hazırlama süresi: 10 dakika.
Hazırlama süresi: 35 dakika.
Porsiyon: 4

İçindekiler:
- 4 domuz pirzolası
- 2 yemek kaşığı zeytinyağı
- 1 su bardağı kalamata zeytini çekirdekleri çıkarılmış ve ikiye bölünmüş
- 1 çay kaşığı yenibahar, öğütülmüş
- ¼ bardak hindistan cevizi sütü
- 1 ince doğranmış sarı soğan
- 1 yemek kaşığı doğranmış frenk soğanı

Başlıklar:
1. Tavayı orta ateşte yağla ısıtın, soğanı ve eti ekleyin ve her iki tarafını da 4 dakika kızartın.
2. Geri kalan malzemeleri ekleyin, yavaşça karıştırın, fırına koyun ve 390 F'de 25 dakika daha pişirin.
3. Tamamını tabaklara paylaştırıp servis yapın.

Beslenme: Kalori 290, yağ 10, lif 4,4, karbonhidrat 7,8, protein 22

İtalyan kuzu pirzolası

Hazırlama süresi: 10 dakika.
Hazırlama süresi: 30 dakika.
Porsiyon: 4

İçindekiler:

- 4 kuzu pirzolası
- 1 yemek kaşığı kıyılmış kekik
- 1 yemek kaşığı zeytinyağı
- 1 ince doğranmış sarı soğan
- 2 yemek kaşığı rendelenmiş az yağlı parmesan
- 1/3 su bardağı düşük sodyumlu sebze suyu
- tatmak için karabiber
- 1 çay kaşığı İtalyan baharatı

Başlıklar:

1. Bir kızartma tavasını orta-yüksek ateşte yağla ısıtın, kuzu pirzolaları ve soğanı ekleyin ve her iki tarafını da 4'er dakika kızartın.
2. Peynir hariç diğer malzemeleri ekleyip karıştırın.
3. Üzerine peynir serpin, tavayı fırına koyun ve 350 derecede 20 dakika pişirin.
4. Tamamını tabaklara paylaştırıp servis yapın.

Beslenme: Kalori 280, yağ 17, lif 5,5, karbonhidrat 11,2, protein 14

Domuz eti ve kekikli pilav

Hazırlama süresi: 10 dakika.
Hazırlama süresi: 35 dakika.
Porsiyon: 4

İçindekiler:
- 1 yemek kaşığı zeytinyağı
- 1 kilo domuz eti, doğranmış
- 1 yemek kaşığı kıyılmış kekik
- 1 su bardağı beyaz pirinç
- 2 su bardağı düşük sodyumlu tavuk suyu
- tatmak için karabiber
- 2 diş ince kıyılmış sarımsak
- ½ limon suyu
- 1 yemek kaşığı kıyılmış kişniş

Başlıklar:
1. Tavayı orta ateşte yağla ısıtın, eti ve sarımsağı ekleyin ve 5 dakika kızartın.
2. Pirinci, et suyunu ve diğer malzemeleri ekleyip kaynatın ve orta ateşte 30 dakika pişirin.
3. Tamamını tabaklara paylaştırıp servis yapın.

Beslenme: Kalori 330, yağ 13, lif 5,2, karbonhidrat 13,4, protein 22,2

domuz topları

Hazırlama süresi: 10 dakika.
Hazırlama süresi: 30 dakika.
Porsiyon: 4

İçindekiler:
- 3 yemek kaşığı badem unu
- 2 yemek kaşığı avokado yağı
- 2 çırpılmış yumurta
- tatmak için karabiber
- 2 kilo domuz eti, kıyılmış
- 1 yemek kaşığı kıyılmış kişniş
- 10 oz. konserve domates sosu, tuzsuz

Başlıklar:
1. Bir kapta domuz etini un ve sos ve yağ hariç diğer malzemelerle karıştırın, iyice karıştırın ve bu karışımdan orta boy köfteler oluşturun.
2. Tavayı orta ateşte yağla ısıtın, köfteleri ekleyin ve her iki tarafını da 3 dakika kızartın, sosu ekleyin, iyice karıştırın, kaynatın ve orta ateşte 20 dakika daha pişirin.
3. Her şeyi kaselere paylaştırıp servis yapın.

Beslenme: Kalori 332, yağ 18, lif 4, karbonhidrat 14,3, protein 25

Domuz eti ve hindiba

Hazırlama süresi: 10 dakika.
Hazırlama süresi: 35 dakika.
Porsiyon: 4

İçindekiler:
- 1 kilo domuz eti, doğranmış
- 2 adet hindiba, dilimlenmiş ve rendelenmiş
- 1 su bardağı düşük sodyumlu et suyu
- 1 çay kaşığı biber tozu
- Bir tutam karabiber
- 1 kırmızı soğan, doğranmış
- 1 yemek kaşığı zeytinyağı

Başlıklar:
1. Tavayı orta ateşte yağla ısıtın, soğanı ve hindibayı ekleyin, karıştırın ve 5 dakika kızartın.
2. Eti ekleyin, karıştırın ve 5 dakika daha pişirin.
3. Geri kalan malzemeleri ekleyin, kaynatın ve orta ateşte 25 dakika daha pişirin.
4. Tamamını tabaklara paylaştırıp servis yapın.

Beslenme: Kalori 330, yağ 12,6, lif 4,2, karbonhidrat 10, protein 22

Domuz turpları ve frenk soğanı

Hazırlama süresi: 10 dakika.
Hazırlama süresi: 35 dakika.
Porsiyon: 4

İçindekiler:

- 1 bardak turp, doğranmış
- 1 kilo domuz eti, doğranmış
- 1 yemek kaşığı zeytinyağı
- 1 kırmızı soğan, doğranmış
- 1 su bardağı konserve domates, tuzsuz, ezilmiş
- 1 yemek kaşığı doğranmış frenk soğanı
- 2 diş ince kıyılmış sarımsak
- tatmak için karabiber
- 1 çay kaşığı balzamik sirke

Başlıklar:

1. Tavayı orta ateşte yağla ısıtın, soğanı ve sarımsağı ekleyin, karıştırın ve 5 dakika kızartın.
2. Eti ekleyin ve 5 dakika daha kızartın.
3. Turp ve diğer malzemeleri ekleyip kaynatın ve orta ateşte 25 dakika daha pişirin.
4. Her şeyi kaselere paylaştırıp servis yapın.

Beslenme:kalori 274, yağ 14, lif 3,5, karbonhidratlar 14,8, protein 24,1

Buharda pişmiş ıspanak ve nane köftesi

Hazırlama süresi: 10 dakika.
Hazırlama süresi: 25 dakika.
Porsiyon: 4

İçindekiler:

- 1 kilo kıyılmış domuz eti güveç
- 1 ince doğranmış sarı soğan
- 1 çırpılmış yumurta
- 1 yemek kaşığı kıyılmış nane
- tatmak için karabiber
- 2 diş ince kıyılmış sarımsak
- 2 yemek kaşığı zeytinyağı
- 1 su bardağı kiraz domates, ikiye bölünmüş
- 1 su bardağı bebek ıspanak
- ½ bardak düşük sodyumlu sebze suyu

Başlıklar:

1. Bir kapta eti soğan ve yağ, çeri domates ve ıspanak hariç diğer malzemelerle karıştırıp iyice karıştırıp bu karışımdan orta büyüklükte köfteler oluşturun.
2. Tavayı zeytinyağıyla orta-yüksek ateşte ısıtın, köfteleri ekleyin ve her iki tarafını da 5 dakika kızartın.
3. Ispanağı, domatesleri ve et suyunu ekleyin, karıştırın ve her şeyi 15 dakika kaynamaya bırakın.
4. Her şeyi kaselere paylaştırıp servis yapın.

Beslenme: Kalori 320, yağ 13,4, lif 6, karbonhidrat 15,8, protein 12

Köfte ve hindistan cevizi sosu

Hazırlama süresi: 10 dakika.
Hazırlama süresi: 20 dakika.
Porsiyon: 4

İçindekiler:

- 2 kilo domuz eti, kıyılmış
- tatmak için karabiber
- ¾ su bardağı badem unu
- 2 çırpılmış yumurta
- 1 yemek kaşığı kıyılmış maydanoz
- 2 kırmızı soğan, ince doğranmış
- 2 yemek kaşığı zeytinyağı
- ½ su bardağı hindistan cevizi kreması
- tatmak için karabiber

Başlıklar:

1. Bir kapta domuz etini badem unu ve soğan, yağ ve krema dışındaki diğer malzemelerle karıştırın, iyice karıştırın ve bu karışımdan orta büyüklükte köfteler yapın.
2. Tavayı orta ateşte yağla ısıtın, soğanı ekleyin, karıştırın ve 5 dakika kızartın.
3. Köfteleri ekleyip 5 dakika daha pişirin.
4. Hindistan cevizi kremasını ekleyin, kaynatın, 10 dakika daha pişirin, kaselere paylaştırın ve servis yapın.

Beslenme: Kalori 435, yağ 23, lif 14, karbonhidrat 33,2, protein 12,65

Zerdeçal ile mercimek ve domuz eti

Hazırlama süresi: 10 dakika.
Hazırlama süresi: 25 dakika.
Porsiyon: 4

İçindekiler:

- 1 kilo domuz eti, doğranmış
- ½ su bardağı domates sosu, tuzsuz
- 1 ince doğranmış sarı soğan
- 2 yemek kaşığı zeytinyağı
- 1 su bardağı konserve mercimek, tuzsuz, süzülmüş
- 1 çay kaşığı köri tozu
- 1 çay kaşığı zerdeçal tozu
- tatmak için karabiber

Başlıklar:

1. Tavayı orta ateşte yağla ısıtın, soğanı ve eti ekleyin ve 5 dakika kızartın.
2. Sosu ve diğer malzemeleri ekleyip karıştırın, orta ateşte 20 dakika pişirin, kaselere paylaştırıp servis yapın.

Beslenme: Kalori 367, yağ 23, lif 6,9, karbonhidrat 22,1, protein 22

Kavrulmuş kuzu

Hazırlama süresi: 10 dakika.
Hazırlama süresi: 25 dakika.
Porsiyon: 4

İçindekiler:
- 1 kilo kıyma
- 1 yemek kaşığı avokado yağı
- Şeritler halinde kesilmiş 1 kırmızı biber
- 1 kırmızı soğan dilimlenmiş
- 2 domates, doğranmış
- 1 adet doğranmış havuç
- 2 rezene soğanı, dilimlenmiş
- tatmak için karabiber
- 2 yemek kaşığı balzamik sirke
- 1 yemek kaşığı kıyılmış kişniş

Başlıklar:
1. Tavayı orta ateşte yağla ısıtın, soğanı ve eti ekleyin ve 5 dakika kızartın.
2. Kırmızı biberi ve diğer malzemeleri ekleyip karıştırın, orta ateşte 20 dakika daha pişirin, kaselere paylaştırın ve hemen servis yapın.

Beslenme: Kalori 367, yağ 14,3, lif 4,3, karbonhidrat 15,8, protein 16

Pancarlı domuz eti

Hazırlama süresi: 10 dakika.
Hazırlama süresi: 30 dakika.
Porsiyon: 4

İçindekiler:

- 1 kilo domuz eti, doğranmış
- 2 küçük pancar, soyulmuş ve doğranmış
- 2 yemek kaşığı zeytinyağı
- 1 ince doğranmış sarı soğan
- 2 diş ince kıyılmış sarımsak
- Tatmak için tuz ve karabiber
- ½ bardak hindistan cevizi kreması.

Başlıklar:

1. Tavayı orta ateşte yağla ısıtın, soğanı ve sarımsağı ekleyip 5 dakika karıştırarak pişirin.
2. Eti ekleyin ve 5 dakika daha kızartın.
3. Diğer malzemeleri ekleyin, kaynatın ve orta ateşte 20 dakika pişirin.
4. Karışımı tabaklara paylaştırıp servis yapın.

Beslenme: Kalori 311, yağ 14,3, lif 4,5, karbonhidrat 15,2, protein 17

kuzu ve lahana

Hazırlama süresi: 10 dakika.
Hazırlama süresi: 35 dakika.
Porsiyon: 4

İçindekiler:
- 2 yemek kaşığı avokado yağı
- 1 kilo kuzu yahnisi, kabaca doğranmış
- 1 lahana, doğranmış
- 1 su bardağı konserve domates, tuzsuz, doğranmış
- 1 ince doğranmış sarı soğan
- 1 çay kaşığı kurutulmuş kekik
- tatmak için karabiber
- 2 diş ince kıyılmış sarımsak

1. **Başlıklar:**
2. Tavayı orta ateşte yağla ısıtın, soğanı ve sarımsağı ekleyin ve 5 dakika kızartın.
3. Eti ekleyin ve 5 dakika daha kızartın.
4. Geri kalan malzemeleri ekleyin, karıştırın, kaynatın ve orta ateşte 25 dakika daha pişirin.
5. Tamamını tabaklara paylaştırıp servis yapın.

Beslenme: Kalori 325, yağ 11, lif 6,1, karbonhidrat 11,7, protein 16

Mısır ve bamya ile kuzu

Hazırlama süresi: 10 dakika.
Hazırlama süresi: 30 dakika.
Porsiyon: 4

İçindekiler:

- 1 kilo kuzu yahnisi, kabaca doğranmış
- 1 ince doğranmış sarı soğan
- 2 diş ince kıyılmış sarımsak
- 2 yemek kaşığı avokado yağı
- 1 bardak bamya, doğranmış
- 1 bardak mısır
- 1 su bardağı düşük sodyumlu sebze suyu
- 1 yemek kaşığı kıyılmış maydanoz

Başlıklar:

1. Tavayı orta ateşte yağla ısıtın, soğanı ve sarımsağı ekleyip 5 dakika karıştırarak pişirin.
2. Eti ekleyin, karıştırın ve 5 dakika daha pişirin.
3. Diğer malzemeleri ekleyin, karıştırın, kaynatın ve orta ateşte 20 dakika pişirin.
4. Her şeyi kaselere paylaştırıp servis yapın.

Beslenme: Kalori 314, yağ 12, lif 4,4, karbonhidrat 13,3, protein 17

Hardal ve tarhunlu domuz eti

Hazırlama süresi: 10 dakika.
Hazırlama süresi: 8 saat.
Porsiyon: 4

İçindekiler:
- 2 kilo kızarmış domuz eti, dilimlenmiş
- 2 yemek kaşığı zeytinyağı
- tatmak için karabiber
- 1 yemek kaşığı ince kıyılmış tarhun
- 2 arpacık, ince doğranmış
- 1 su bardağı düşük sodyumlu sebze suyu
- 1 yemek kaşığı ince kıyılmış kekik
- 1 yemek kaşığı hardal

Başlıklar:
1. Yavaş bir tencerede kavrulmuş karabiber ve diğer malzemelerle karıştırın, kapağını kapatın ve 8 saat kısık ateşte pişirin.
2. Kızarmış domuz etini tabaklara paylaştırın, her tarafına hardal sosunu serpip servis yapın.

Beslenme: Kalori 305, yağ 14,5, lif 5,4, karbonhidrat 15,7, protein 18

Brüksel lahanası ve kapari ile domuz eti

Hazırlama süresi: 10 dakika.
Hazırlama süresi: 35 dakika.
Porsiyon: 4

İçindekiler:

- 2 yemek kaşığı zeytinyağı
- 1 su bardağı düşük sodyumlu sebze suyu
- 2 yemek kaşığı kapari, süzülmüş
- 500 gr domuz pirzolası
- 1 su bardağı fasulye filizi
- 1 sarı soğan, doğranmış
- tatmak için karabiber

Başlıklar:

1. Tavayı orta ateşte yağla ısıtın, soğanı ve eti ekleyin ve 5 dakika kızartın.
2. Geri kalan malzemeleri ekleyin, tavayı fırına yerleştirin ve 390 derecede 30 dakika pişirin.
3. Tamamını tabaklara paylaştırıp servis yapın.

Beslenme:kalori 324, yağ 12,5, lif 6,5, karbonhidratlar 22,2, protein 15,6

Brüksel lahanası ile domuz eti

Hazırlama süresi: 10 dakika.
Hazırlama süresi: 35 dakika.
Porsiyon: 4

İçindekiler:

- Güveç için 2 kilo domuz eti, doğranmış
- ¼ bardak düşük sodyumlu domates sosu
- tatmak için karabiber
- Yarım kilo Brüksel lahanası, yarıya bölünmüş
- 1 yemek kaşığı zeytinyağı
- 2 adet ince doğranmış frenk soğanı
- 1 yemek kaşığı kıyılmış kişniş

Başlıklar:

1. Tavayı orta-yüksek ateşte yağla ısıtın, soğanı ve filizleri ekleyin ve 5 dakika kızartın.
2. Eti ve diğer malzemeleri ekleyin, kaynatın ve orta ateşte 30 dakika daha pişirin.
3. Tamamını tabaklara paylaştırıp servis yapın.

Beslenme:kalori 541, yağ 25,6, lif 2,6, karbonhidratlar 6,5, protein 68,7

Sıcak domuz eti ve yeşil fasulye karışımı

Hazırlama süresi: 10 dakika.
Hazırlama süresi: 20 dakika.
Porsiyon: 4

İçindekiler:

- 1 ince doğranmış sarı soğan
- 2 kilo domuz eti, şeritler halinde kesilmiş
- ½ pound yeşil fasulye, kesilmiş ve yarıya bölünmüş
- 1 kırmızı biber, doğranmış
- tatmak için karabiber
- 1 yemek kaşığı zeytinyağı
- ¼ bardak doğranmış kırmızı biber
- 1 su bardağı düşük sodyumlu sebze suyu

Başlıklar:

1. Tavayı orta ateşte yağla ısıtın, soğanı ekleyin ve 5 dakika kızartın.
2. Eti ekleyin ve 5 dakika daha kızartın.
3. Diğer malzemeleri ekleyip karıştırın, orta ateşte 10 dakika pişirin, tabaklara paylaştırıp servis yapın.

Beslenme: Kalori 347, yağ 24,8, lif 3,3, karbonhidrat 18,1, protein 15,2

kinoalı kuzu eti

Hazırlama süresi: 10 dakika.
Hazırlama süresi: 30 dakika.
Porsiyon: 4

İçindekiler:
1 bardak kinoa
2 su bardağı düşük sodyumlu tavuk suyu
1 yemek kaşığı zeytinyağı
1 su bardağı hindistan cevizi kreması
2 kilo kuşbaşı kuzu yahnisi
2 arpacık, ince doğranmış
2 diş ince kıyılmış sarımsak
tatmak için karabiber
Bir tutam öğütülmüş kırmızı biber gevreği

Başlıklar:
1. Tavayı orta ateşte yağla ısıtın, arpacık soğanı ve sarımsağı ekleyin, karıştırın ve 5 dakika pişirin.
2. Eti ekleyin ve 5 dakika daha kızartın.
3. Diğer malzemeleri ekleyin, karıştırın, kaynatın, ısıyı orta dereceye düşürün ve 20 dakika pişirin.
4. Karıştırma kaselerine paylaştırıp servis yapın.

Beslenme: Kalori 755, yağ 37, lif 4,4, karbonhidrat 32, protein 71,8

Kuzu ve Çin lahanası çörekler

Hazırlama süresi: 10 dakika.
Hazırlama süresi: 30 dakika.
Porsiyon: 4

İçindekiler:

- 1 bardak düşük sodyumlu tavuk suyu
- 1 bardak Çin lahanası, doğranmış
- 1 kilo kuzu yahnisi, kabaca doğranmış
- 2 yemek kaşığı avokado yağı
- 1 ince doğranmış sarı soğan
- 1 ince doğranmış havuç
- tatmak için karabiber

Başlıklar:

1. Tavayı orta yüksek ateşte yağla ısıtın, soğanı ve havucu ekleyip 5 dakika kızartın.
2. Eti ekleyin ve 5 dakika daha kızartın.
3. Diğer malzemeleri ekleyin, kaynatın ve orta ateşte 20 dakika pişirin.
4. Tamamını tabaklara paylaştırıp servis yapın.

Beslenme: Kalori 360, yağ 14,5, lif 5, karbonhidrat 22,4, protein 16

Bamya ve zeytinli domuz eti

Hazırlama süresi: 10 dakika.
Hazırlama süresi: 35 dakika.
Porsiyon: 4

İçindekiler:

- ½ bardak düşük sodyumlu sebze suyu
- 1 bardak bamya, doğranmış
- 1 su bardağı çekirdeği çıkarılmış ve ikiye bölünmüş siyah zeytin
- 2 yemek kaşığı zeytinyağı
- 4 domuz pirzolası
- 1 kırmızı soğan, doğranmış
- tatmak için karabiber
- ½ yemek kaşığı kırmızı biber gevreği
- 3 yemek kaşığı hindistan cevizi amino asitleri

Başlıklar:

1. Tavayı yağla yağlayın ve domuz eti dilimlerini içine yerleştirin.
2. Geri kalan malzemeleri ekleyin, yavaşça karıştırın ve 390 F'de 35 dakika pişirin.
3. Tamamını tabaklara paylaştırıp servis yapın.

Beslenme: Kalori 310, yağ 14,6, lif 6, karbonhidrat 20,4, protein 16

Domuz eti ve kapari arpa

Hazırlama süresi: 10 dakika.
Hazırlama süresi: 35 dakika.
Porsiyon: 4

İçindekiler:
- 1 bardak arpa
- 2 su bardağı düşük sodyumlu tavuk suyu
- 1 kilo domuz eti, doğranmış
- 1 kırmızı soğan dilimlenmiş
- 1 yemek kaşığı zeytinyağı
- tatmak için karabiber
- 1 çay kaşığı çemen otu tozu
- 1 yemek kaşığı doğranmış frenk soğanı
- 1 yemek kaşığı kapari, süzülmüş

Başlıklar:
1. Tavayı orta ateşte yağla ısıtın, soğanı ve eti ekleyin ve 5 dakika kızartın.
2. Arpa ve diğer malzemeleri ekleyip karıştırın ve orta ateşte 30 dakika pişirin.
3. Her şeyi kaselere paylaştırıp servis yapın.

Beslenme: Kalori 447, yağ 15,6, lif 8,6, karbonhidrat 36,5, protein 39,8

Domuz eti ve yeşil soğan karışımı

Hazırlama süresi: 10 dakika.
Hazırlama süresi: 40 dakika.
Porsiyon: 5

İçindekiler:
- 1 kilo domuz eti, doğranmış
- 1 yemek kaşığı avokado yağı
- 1 ince doğranmış sarı soğan
- 1 demet doğranmış yeşil soğan
- 4 diş sarımsak, doğranmış
- 1 su bardağı düşük sodyumlu domates sosu
- tatmak için karabiber

Başlıklar:
1. Tavayı yağla orta-yüksek ateşte ısıtın, soğanı ve yeşil soğanı ekleyin, karıştırın ve 5 dakika kızartın.
2. Eti ekleyin, karıştırın ve 5 dakika daha pişirin.
3. Geri kalan malzemeleri ekleyin, karıştırın ve orta ateşte 30 dakika daha pişirin.
4. Her şeyi kaselere paylaştırıp servis yapın.

Beslenme: Kalori 206, yağ 8,6, lif 1,8, karbonhidrat 7,2, protein 23,4

Domuz eti hindistan cevizi ve siyah fasulye

Hazırlama süresi: 5 dakika.
Hazırlama süresi: 40 dakika.
Porsiyon: 8

İçindekiler:

- 2 yemek kaşığı zeytinyağı
- 1 su bardağı konserve siyah fasulye, tuzsuz, süzülmüş
- 1 ince doğranmış sarı soğan
- 1 su bardağı konserve domates, tuzsuz, doğranmış
- Güveç için 2 kilo domuz eti, doğranmış
- 2 diş ince kıyılmış sarımsak
- tatmak için karabiber
- ½ çay kaşığı öğütülmüş hindistan cevizi

Başlıklar:

1. Tavayı orta ateşte yağla ısıtın, soğanı ve sarımsağı ekleyin ve 5 dakika kızartın.
2. Eti ekleyin, karıştırın ve 5 dakika daha pişirin.
3. Diğer malzemeleri ekleyin, karıştırın, kaynatın ve orta ateşte 30 dakika pişirin.
4. Karışımı kaselere paylaştırıp servis yapın.

Beslenme: Kalori 365, yağ 14,9, lif 4,3, karbonhidrat 17,6, protein 38,8

somon ve şeftali salatası

Hazırlama süresi: 10 dakika.

Hazırlama süresi: 0 dakika.

Porsiyon: 4

İçindekiler:

- 2 adet füme somon fileto, kemiksiz, derisiz ve doğranmış
- 2 şeftali, çekirdekleri çıkarılmış ve doğranmış
- 1 çay kaşığı zeytinyağı
- Bir tutam karabiber
- 2 su bardağı bebek ıspanak
- ½ yemek kaşığı balzamik sirke
- 1 yemek kaşığı limon suyu
- 1 yemek kaşığı kıyılmış kişniş

Başlıklar:

1. Bir salata kasesinde somonu şeftali ve diğer malzemelerle karıştırıp, soğuk olarak servis edin.

Beslenme: Kalori 133, yağ 7,1, lif 1,5, karbonhidrat 8,2, protein 1,7

Somon ve dereotu kapari

Hazırlama süresi: 10 dakika.
Hazırlama süresi: 15 dakika.
Porsiyon: 4

İçindekiler:

- 2 yemek kaşığı zeytinyağı
- 4 somon fileto, kemiksiz
- 1 yemek kaşığı kapari, süzülmüş
- 1 yemek kaşığı kıyılmış dereotu
- 1 ince doğranmış taze soğan
- ½ su bardağı hindistan cevizi kreması
- Bir tutam karabiber

Başlıklar:

1. Bir kızartma tavasını orta yüksek ateşte yağla ısıtın, arpacık soğanı ve kaparileri ekleyin, karıştırın ve 4 dakika kızartın.
2. Somonu ekleyin ve her iki tarafını da 3 dakika pişirin.
3. Geri kalan malzemeleri ekleyin, 5 dakika daha pişirin, tabaklara paylaştırın ve servis yapın.

Beslenme: Kalori 369, yağ 25,2, lif 0,9, karbonhidrat 2,7, protein 35,5

Somon ve salatalık salatası

Hazırlama süresi: 10 dakika.
Hazırlama süresi: 0 dakika.
Porsiyon: 4

İçindekiler:
- 2 yemek kaşığı zeytinyağı
- ½ çay kaşığı limon suyu
- ½ çay kaşığı rendelenmiş limon kabuğu
- Bir tutam karabiber
- 1 su bardağı çekirdeği çıkarılmış ve ikiye bölünmüş siyah zeytin
- 1 su bardağı doğranmış salatalık
- ½ pound füme somon, kemikleri çıkarılmış ve doğranmış
- 1 yemek kaşığı doğranmış frenk soğanı

Başlıklar:
1. Bir salata kasesinde somonu zeytin ve diğer malzemelerle karıştırıp, karıştırıp servis yapın.

Beslenme: Kalori 170, yağ 13,1, lif 1,3, karbonhidrat 3,2, protein 10,9

Ton balığı ve arpacık soğan

Hazırlama süresi: 10 dakika.
Hazırlama süresi: 15 dakika.
Porsiyon: 4

İçindekiler:

- 4 ton balığı bifteği, kemiksiz ve derisiz
- 1 yemek kaşığı zeytinyağı
- 2 arpacık, ince doğranmış
- 2 yemek kaşığı limon suyu
- Bir tutam karabiber
- 1 çay kaşığı tatlı kırmızı biber
- ½ su bardağı düşük sodyumlu tavuk suyu

Başlıklar:

1. Tavayı orta-yüksek ateşte yağla ısıtın, arpacık soğanı ekleyin ve 3 dakika kızartın.
2. Balıkları ekleyin ve her iki tarafını da 4'er dakika kızartın.
3. Diğer malzemeleri ekleyip 3 dakika daha pişirip tabaklara paylaştırıp servis yapın.

Beslenme:kalori 404, yağ 34,6, lif 0,3, karbonhidrat 3, protein 21,4

nane morina karışımı

Hazırlama süresi: 10 dakika.
Hazırlama süresi: 17 dakika.
Porsiyon: 4

İçindekiler:
- 2 yemek kaşığı zeytinyağı
- 1 yemek kaşığı limon suyu
- 1 yemek kaşığı kıyılmış nane
- 4 kemiksiz morina filetosu
- 1 çay kaşığı rendelenmiş limon kabuğu
- Bir tutam karabiber
- ¼ bardak doğranmış arpacık soğanı
- ½ su bardağı düşük sodyumlu tavuk suyu

Başlıklar:
1. Tavayı orta ateşte yağla ısıtın, arpacık soğanı ekleyin, karıştırın ve 5 dakika kızartın.
2. Morina balığı, limon suyu ve diğer malzemeleri ekleyin, kaynatın ve orta ateşte 12 dakika pişirin.
3. Tamamını tabaklara paylaştırıp servis yapın.

Beslenme: Kalori 160, yağ 8,1, lif 0,2, karbonhidrat 2, protein 20,5

Morina ve domates

Hazırlama süresi: 10 dakika.
Hazırlama süresi: 16 dakika.
Porsiyon: 4

İçindekiler:

- 2 yemek kaşığı zeytinyağı
- 2 diş ince kıyılmış sarımsak
- ½ bardak düşük sodyumlu sebze suyu
- 4 kemiksiz morina filetosu
- 1 su bardağı kiraz domates, ikiye bölünmüş
- 2 yemek kaşığı limon suyu
- Bir tutam karabiber
- 1 yemek kaşığı doğranmış frenk soğanı

Başlıklar:

1. Tavayı orta-yüksek ateşte yağla ısıtın, sarımsağı ve balığı ekleyin ve her iki tarafını da 3'er dakika kızartın.
2. Geri kalan malzemeleri ekleyin, kaynatın ve orta ateşte 10 dakika daha pişirin.
3. Tamamını tabaklara paylaştırıp servis yapın.

Beslenme: Kalori 169, yağ 8,1, lif 0,8, karbonhidratlar 4,7, protein 20,7

Biberli ton balığı

Hazırlama süresi: 4 dakika.
Hazırlama süresi: 10 dakika.
Porsiyon: 4

İçindekiler:

- 2 yemek kaşığı zeytinyağı
- 4 ton balığı bifteği, kemiksiz
- 2 çay kaşığı tatlı kırmızı biber
- ½ çay kaşığı biber tozu
- Bir tutam karabiber

Başlıklar:

1. Tavayı orta ateşte yağla ısıtın, ton balığı dilimlerini ekleyin, kırmızı biber, karabiber ve toz biberle tatlandırın, her iki tarafını da 5 dakika kızartın, tabaklara bölüp süsleyerek servis yapın.

Beslenme:kalori 455, yağ 20,6, lif 0,5, karbonhidratlar 0,8, protein 63,8

portakal morina

Hazırlama süresi: 5 dakika.
Hazırlama süresi: 12 dakika.
Porsiyon: 4

İçindekiler:

- 1 yemek kaşığı kıyılmış maydanoz
- 4 kemiksiz morina filetosu
- 1 su bardağı portakal suyu
- 2 adet ince doğranmış frenk soğanı
- 1 çay kaşığı portakal kabuğu
- 1 yemek kaşığı zeytinyağı
- 1 çay kaşığı balzamik sirke
- Bir tutam karabiber

Başlıklar:

1. Tavayı orta ateşte yağla ısıtın, taze soğanı ekleyin ve 2 dakika kızartın.
2. Balıkları ve diğer malzemeleri ekleyip her iki tarafını da 5'er dakika kızartıp tabaklara paylaştırıp servis yapın.

Beslenme:kalori 152, yağ 4,7, lif 0,4, karbonhidratlar 7,2, protein 20,6

Fesleğenli somon

Hazırlama süresi: 5 dakika.
Hazırlama süresi: 14 dakika.
Porsiyon: 4

İçindekiler:
- 2 yemek kaşığı zeytinyağı
- 4 somon filetosu, derisiz
- 2 diş ince kıyılmış sarımsak
- Bir tutam karabiber
- 2 yemek kaşığı balzamik sirke
- 2 yemek kaşığı kıyılmış fesleğen

Başlıklar:
1. Tavayı zeytinyağıyla ısıtın, balıkları ekleyin ve her iki tarafını da 4 dakika kızartın.
2. Geri kalan malzemeleri ekleyin ve her şeyi 6 dakika daha pişirin.
3. Tamamını tabaklara paylaştırıp servis yapın.

Beslenme:kalori 300, yağ 18, lif 0,1, karbonhidratlar 0,6, protein 34,7

Morina ve beyaz sos

Hazırlama süresi: 10 dakika.
Hazırlama süresi: 15 dakika.
Porsiyon: 4

İçindekiler:

- 2 yemek kaşığı zeytinyağı
- 4 adet morina filetosu, kemiksiz ve derisiz
- 1 ince doğranmış taze soğan
- ½ su bardağı hindistan cevizi kreması
- 3 yemek kaşığı az yağlı yoğurt
- 2 yemek kaşığı kıyılmış dereotu
- Bir tutam karabiber
- 1 diş doğranmış sarımsak

Başlıklar:

1. Tavayı orta ateşte yağla ısıtın, arpacık soğanı ekleyin ve 5 dakika kızartın.
2. Balıkları ve diğer malzemeleri ekleyip 10 dakika daha pişirin.
3. Tamamını tabaklara paylaştırıp servis yapın.

Beslenme:kalori 252, yağ 15,2, lif 0,9, karbonhidratlar 7,7, protein 22,3

Halibut ve turpu karıştırın

Hazırlama süresi: 10 dakika.
Hazırlama süresi: 15 dakika.
Porsiyon: 4

İçindekiler:
- 2 arpacık, ince doğranmış
- 4 adet halibut filetosu, kemiksiz
- 1 bardak turp, yarıya bölünmüş
- 1 su bardağı doğranmış domates
- 1 yemek kaşığı zeytinyağı
- 1 yemek kaşığı kıyılmış kişniş
- 2 çay kaşığı limon suyu
- Bir tutam karabiber

Başlıklar:
1. Tavayı yağla yağlayın ve balıkları içine yerleştirin.
2. Geri kalan malzemeleri ekleyin, fırına koyun ve 400 derecede 15 dakika pişirin.
3. Tamamını tabaklara paylaştırıp servis yapın.

Beslenme: Kalori 231, yağ 7,8, lif 6, karbonhidrat 11,9, protein 21,1

Somon ve badem karışımı

Hazırlama süresi: 10 dakika.
Hazırlama süresi: 15 dakika.
Porsiyon: 4

İçindekiler:

- 2 yemek kaşığı zeytinyağı
- ½ su bardağı kıyılmış badem
- 4 somon fileto, kemiksiz
- 1 ince doğranmış taze soğan
- ½ bardak düşük sodyumlu sebze suyu
- 2 yemek kaşığı kıyılmış maydanoz
- tatmak için karabiber

=

Başlıklar:

1. Tavayı orta ateşte yağla ısıtın, arpacık soğanı ekleyin ve 4 dakika kızartın.
2. Somonu ve diğer malzemeleri ekleyip her iki tarafını da 5'er dakika kızartıp tabaklara paylaştırıp servis yapın.

Beslenme: Kalori 240, yağ 6,4, lif 2,6, karbonhidrat 11,4, protein 15

Morina ve brokoli

Hazırlama süresi: 10 dakika.
Hazırlama süresi: 20 dakika.
Porsiyon: 4

İçindekiler:

- 2 yemek kaşığı hindistan cevizi amino asitleri
- 1 kilo brokoli çiçeği
- 4 kemiksiz morina filetosu
- 1 kırmızı soğan, doğranmış
- 2 yemek kaşığı zeytinyağı
- ¼ bardak düşük sodyumlu tavuk suyu
- tatmak için karabiber

Başlıklar:

1. Tavayı orta ateşte yağla ısıtın, soğanı ve brokolileri ekleyip 5 dakika kızartın.
2. Balıkları ve diğer malzemeleri ekleyip 20 dakika daha pişirip tabaklara paylaştırıp servis yapın.

Beslenme: Kalori 220, yağ 14,3, lif 6,3, karbonhidrat 16,2, protein 9

Zencefil ile levrek karışımı

Hazırlama süresi: 10 dakika.
Hazırlama süresi: 15 dakika.
Porsiyon: 4

İçindekiler:

- 1 yemek kaşığı balzamik sirke
- 1 yemek kaşığı rendelenmiş zencefil
- 2 yemek kaşığı zeytinyağı
- tatmak için karabiber
- 4 adet kemiksiz levrek fileto
- 1 yemek kaşığı kıyılmış kişniş

Başlıklar:

1. Tavayı orta ateşte yağla ısıtın, içine balıkları koyun ve her iki tarafı da 5 dakika kızartın.
2. Geri kalan malzemeleri ekleyin, her şeyi 5 dakika daha pişirin, tabaklara paylaştırın ve servis yapın.

Beslenme: Kalori 267, yağ 11,2, lif 5,2, karbonhidrat 14,3, protein 14,3

Somon ve yeşil fasulye

Hazırlama süresi: 10 dakika.
Hazırlama süresi: 20 dakika.
Porsiyon: 4

İçindekiler:
- 2 yemek kaşığı zeytinyağı
- 1 bardak düşük sodyumlu tavuk suyu
- 4 somon fileto, kemiksiz
- 2 diş ince kıyılmış sarımsak
- 1 yemek kaşığı rendelenmiş zencefil
- ½ pound yeşil fasulye, kesilmiş ve yarıya bölünmüş
- 2 çay kaşığı balzamik sirke
- ¼ bardak doğranmış frenk soğanı

Başlıklar:
1. Tavayı orta ateşte yağla ısıtın, taze soğanı ve sarımsağı ekleyip 5 dakika kızartın.
2. Somonu ekleyin ve her iki tarafını da 5 dakika pişirin.
3. Geri kalan malzemeleri ekleyin, 5 dakika daha pişirin, tabaklara paylaştırın ve servis yapın.

Beslenme: Kalori 220, yağ 11,6, lif 2, karbonhidrat 17,2, protein 9,3

hardal kızartmasıyla

Hazırlama süresi: 10 dakika.
Hazırlama süresi: 12 dakika.
Porsiyon: 4

İçindekiler:

- 6 su bardağı hardal yeşillikleri
- 2 yemek kaşığı zeytinyağı
- 2 adet ince doğranmış frenk soğanı
- ½ su bardağı hindistan cevizi kreması
- 2 yemek kaşığı tatlı kırmızı biber
- tatmak için karabiber

Başlıklar:

1. Tavayı yağla orta ateşte ısıtın, soğanı, kırmızı biberi ve karabiberi ekleyip 3 dakika karıştırarak kavurun.
2. Hardal yeşilliklerini ve diğer malzemeleri ekleyip karıştırın, 9 dakika daha pişirin, tabaklara paylaştırın ve süs olarak servis yapın.

Beslenme:kalori 163, yağ 14,8, lif 4,9, karbonhidratlar 8,3, protein 3,6

Bok Choy Karışımı

Hazırlama süresi: 10 dakika.
Hazırlama süresi: 12 dakika.
Porsiyon: 4

İçindekiler:

- 1 yemek kaşığı avokado yağı
- 1 yemek kaşığı balzamik sirke
- 1 ince doğranmış sarı soğan
- 1 kiloluk Çin lahanası, doğranmış
- 1 çay kaşığı kimyon, öğütülmüş
- 1 yemek kaşığı hindistancevizi amino asitleri
- ¼ bardak düşük sodyumlu sebze suyu
- tatmak için karabiber

Başlıklar:

1. Tavayı orta-yüksek ateşte yağla ısıtın, soğanı, kimyonu ve karabiberi ekleyip karıştırın ve 3 dakika kızartın.
2. Çin lahanasını ve diğer malzemeleri ekleyin, karıştırın, 8-9 dakika daha pişirin, tabaklara bölün ve garnitür olarak servis yapın.

Beslenme:kalori 38, yağ 0,8, lif 2, karbonhidrat 6,5, protein 2,2

Yeşil fasulye ve patlıcan karışımı

Hazırlama süresi: 4 dakika.
Hazırlama süresi: 40 dakika.
Porsiyon: 4

İçindekiler:

- 1 kilo yeşil fasulye, kesilmiş ve ikiye bölünmüş
- 1 küçük patlıcan, büyük parçalar halinde kesilmiş
- 1 ince doğranmış sarı soğan
- 2 yemek kaşığı zeytinyağı
- 2 yemek kaşığı limon suyu
- 1 çay kaşığı füme kırmızı biber
- ¼ bardak düşük sodyumlu sebze suyu
- tatmak için karabiber
- ½ çay kaşığı kurutulmuş kekik

Başlıklar:

1. Bir tavada yeşil fasulyeleri patlıcan ve diğer malzemelerle birleştirin, karıştırın, fırına koyun, 390 F'de 40 dakika pişirin, tabaklara paylaştırın ve garnitür olarak servis yapın.

Beslenme: Kalori 141, yağ 7,5, lif 8,9, karbonhidrat 19, protein 3,7

Zeytin ve enginar karışımı

Hazırlama süresi: 5 dakika.
Bekleme süresi: 0 dakika
Porsiyon: 4

İçindekiler:
- 10 ons konserve enginar kalbi, tuzsuz, suyu süzülmüş ve ikiye bölünmüş
- 1 su bardağı siyah zeytin, çekirdekleri çıkarılmış ve dilimlenmiş
- 1 yemek kaşığı kapari, süzülmüş
- 1 su bardağı yeşil zeytin, çekirdekleri çıkarılmış ve dilimlenmiş
- 1 yemek kaşığı kıyılmış maydanoz
- tatmak için karabiber
- 2 yemek kaşığı zeytinyağı
- 2 yemek kaşığı kırmızı şarap sirkesi
- 1 yemek kaşığı doğranmış frenk soğanı

Başlıklar:
1. Bir salata kasesinde enginarları zeytin ve diğer malzemelerle karıştırıp garnitür olarak servis edin.

Beslenme: Kalori 138, yağ 11, lif 5,1, karbonhidrat 10, protein 2,7

Zerdeçallı biber sosu

Hazırlama süresi: 4 dakika.
Hazırlama süresi: 0 dakika.
Porsiyon: 4

İçindekiler:

- 1 çay kaşığı zerdeçal tozu
- 1 su bardağı hindistan cevizi kreması
- 14 ons kırmızı dolmalık biber, tuzsuz, doğranmış
- ½ limon suyu
- 1 yemek kaşığı doğranmış frenk soğanı

Başlıklar:

1. Kırmızı biberi zerdeçal ve frenk soğanı hariç diğer tüm malzemelerle bir karıştırıcıda birleştirin, iyice karıştırın, kaselere bölün ve üstüne frenk soğanı koyarak sandviç olarak servis yapın.

Beslenme:kalori 183, yağ 14,9, lif 3, karbonhidrat 12,7, protein 3,4

Lens kremi

Hazırlama süresi: 5 dakika.
Hazırlama süresi: 0 dakika.
Porsiyon: 4

İçindekiler:

- 14 ons konserve mercimek, süzülmüş, tuzsuz, durulanmış
- 1 limonun suyu
- 2 diş ince kıyılmış sarımsak
- 2 yemek kaşığı zeytinyağı
- ½ bardak kıyılmış kişniş

Başlıklar:

1. Mercimekleri yağ ve diğer malzemelerle birlikte blenderda karıştırın, iyice karıştırın, kaselere paylaştırın ve garnitür olarak servis yapın.

Beslenme: Kalori 416, yağ 8,2, lif 30,4, karbonhidrat 60,4, protein 25,8

kavrulmuş fındık

Hazırlama süresi: 5 dakika.
Hazırlama süresi: 15 dakika.
Porsiyon: 8

İçindekiler:

- ½ çay kaşığı füme kırmızı biber
- ½ çay kaşığı biber tozu
- ½ çay kaşığı sarımsak tozu
- 1 yemek kaşığı avokado yağı
- Bir tutam acı biber
- 14 ons ceviz

Başlıklar:

1. Cevizleri çizgili bir tepsiye yayın, kırmızı biberi ve diğer malzemeleri ekleyin, karıştırın ve 410 derecede 15 dakika pişirin.
2. Kaselere paylaştırıp atıştırmalık olarak servis yapın.

Beslenme: Kalori 311, yağ 29,6, lif 3,6, karbonhidrat 5,3, protein 12

yaban mersini kareleri

Hazırlanma zamanı:3 saat 5 dakika

Hazırlama süresi: 0 dakika.
Porsiyon: 4

İçindekiler:

- 2 ons hindistan cevizi kreması
- 2 yemek kaşığı haddelenmiş yulaf
- 2 yemek kaşığı kıyılmış hindistan cevizi
- 1 bardak yaban mersini

Başlıklar:

1. Yulaf ezmesini yaban mersini ve diğer malzemelerle birlikte blendera koyun, iyice sıkın ve kare şeklinde açın.

Servis yapmadan önce küpler halinde kesin ve 3 saat buzdolabında bekletin.

Beslenme:kalori 66, yağ 4,4, lif 1,8, karbonhidratlar 5,4, protein 0,8

karnabahar çiçekleri

Hazırlama süresi: 10 dakika.
Hazırlama süresi: 30 dakika.
Porsiyon: 8

İçindekiler:

- 2 su bardağı tam buğday unu
- 2 çay kaşığı kabartma tozu
- Bir tutam karabiber
- 2 çırpılmış yumurta
- 1 su bardağı badem sütü
- 1 su bardağı karnabahar çiçeği, doğranmış
- ½ su bardağı rendelenmiş az yağlı kaşar peyniri

Başlıklar:

1. Unu karnabahar ve diğer malzemelerle birlikte bir kaseye koyun ve iyice karıştırın.
2. Pişirme kağıdıyla kaplı bir fırın tepsisine yayın, fırına koyun, 400 F'de 30 dakika pişirin, dilimler halinde kesin ve atıştırmalık olarak servis yapın.

Beslenme: Kalori 430, yağ 18,1, lif 3,7, karbonhidrat 54, protein 14,5

Tohum ve badem kaseleri

Hazırlama süresi: 5 dakika.
Hazırlama süresi: 10 dakika.
Porsiyon: 4

İçindekiler:

- 2 su bardağı badem
- ¼ bardak kıyılmış hindistan cevizi
- 1 mango, soyulmuş ve doğranmış
- 1 su bardağı ayçiçeği çekirdeği
- pişirme spreyi

Başlıklar:

1. Badem, hindistancevizi, mango ve ayçiçeği tohumlarını bir fırın tepsisine yayın, pişirme spreyi ile kaplayın, fırlatın ve 400 derecede 10 dakika pişirin.
2. Kaselere paylaştırıp atıştırmalık olarak servis yapın.

Beslenme: Kalori 411, yağ 31,8, lif 8,7, karbonhidrat 25,8, protein 13,3

patates kızartması

Hazırlama süresi: 10 dakika.
Hazırlama süresi: 20 dakika.
Porsiyon: 4

İçindekiler:
- 4 altın patates, soyulmuş ve ince dilimlenmiş
- 2 yemek kaşığı zeytinyağı
- 1 yemek kaşığı biber tozu
- 1 çay kaşığı tatlı kırmızı biber
- 1 yemek kaşığı doğranmış frenk soğanı

Başlıklar:
1. Tavaya yayıp yağı ve diğer malzemeleri ekleyip karıştırıp fırına verip 390 derecede 20 dakika pişirin.
2. Kaselere paylaştırıp servis yapın.

Beslenme:kalori 118, yağ 7,4, lif 2,9, karbonhidratlar 13,4, protein 1,3

Lahana sosu

Hazırlama süresi: 10 dakika.
Hazırlama süresi: 20 dakika.
Porsiyon: 4

İçindekiler:
- 1 demet lahana yaprağı
- 1 su bardağı hindistan cevizi kreması
- 1 ince doğranmış taze soğan
- 1 yemek kaşığı zeytinyağı
- 1 çay kaşığı biber tozu
- Bir tutam karabiber

Başlıklar:
1. Tavayı orta ateşte yağla ısıtın, arpacık soğanı ekleyin, karıştırın ve 4 dakika kızartın.
2. Lahanayı ve diğer malzemeleri ekleyin, kaynatın ve orta ateşte 16 dakika pişirin.
3. Bir blender ile karıştırın, kaselere bölün ve atıştırmalık olarak servis yapın.

Beslenme: Kalori 188, yağ 17,9, lif 2,1, karbonhidrat 7,6, protein 2,5

pancar Cips

Hazırlama süresi: 10 dakika.
Hazırlama süresi: 35 dakika.
Porsiyon: 4

İçindekiler:

- 2 pancar, soyulmuş ve ince dilimlenmiş
- 1 yemek kaşığı avokado yağı
- 1 çay kaşığı kimyon, öğütülmüş
- 1 çay kaşığı rezene tohumu, kırılmış
- 2 çay kaşığı kıyılmış sarımsak

Başlıklar:

1. Havuç dilimlerini pişirme kağıdı serili bir fırın tepsisine yayın, yağı ve diğer malzemeleri ekleyin, karıştırın, fırına koyun ve 400 derece F'de 35 dakika pişirin.
2. Kaselere paylaştırıp atıştırmalık olarak servis yapın.

Beslenme:kalori 32, yağ 0,7, lif 1,4, karbonhidratlar 6,1, protein 1,1

kabak sosu

Hazırlama süresi: 5 dakika.
Hazırlama süresi: 10 dakika.
Porsiyon: 4

İçindekiler:
- ½ su bardağı az yağlı yoğurt
- 2 adet ince doğranmış kabak
- 1 yemek kaşığı zeytinyağı
- 2 adet ince doğranmış frenk soğanı
- ¼ bardak düşük sodyumlu sebze suyu
- 2 diş ince kıyılmış sarımsak
- 1 yemek kaşığı kıyılmış dereotu
- Bir tutam öğütülmüş hindistan cevizi

Başlıklar:
1. Tavayı orta ateşte yağla ısıtın, soğanı ve sarımsağı ekleyin, karıştırın ve 3 dakika kızartın.
2. Kabağı ve yoğurt hariç diğer malzemeleri ekleyip karıştırın, 7 dakika daha pişirin ve ocaktan alın.
3. Yoğurt ekleyin, el blenderiyle karıştırın, kaselere paylaştırın ve servis yapın.

Beslenme:kalori 76, yağ 4,1, lif 1,5, karbonhidratlar 7,2, protein 3,4

Tohum ve elma karışımı

Hazırlama süresi: 10 dakika.
Hazırlama süresi: 20 dakika.
Porsiyon: 4

İçindekiler:

- 2 yemek kaşığı zeytinyağı
- 1 çay kaşığı füme kırmızı biber
- 1 su bardağı ayçiçeği çekirdeği
- 1 su bardağı chia tohumu
- 2 elma, çekirdeği çıkarılmış ve doğranmış
- ½ çay kaşığı kimyon, öğütülmüş
- Bir tutam acı biber

Başlıklar:

1. Bir kapta tohumları elmalar ve diğer malzemelerle karıştırın, karıştırın, pişirme kağıdı serili bir tepsiye yayın, fırına koyun ve 350 derecede 20 dakika pişirin.
2. Kaselere paylaştırıp atıştırmalık olarak servis yapın.

Beslenme:kalori 222, yağ 15,4, lif 6,4, karbonhidratlar 21,1, protein 4

Balkabağı kreması

Hazırlama süresi: 5 dakika.
Hazırlama süresi: 0 dakika.
Porsiyon: 4

İçindekiler:
- 2 su bardağı kabak püresi
- ½ su bardağı kabak çekirdeği
- 1 yemek kaşığı limon suyu
- 1 yemek kaşığı susam ezmesi
- 1 yemek kaşığı zeytinyağı

Başlıklar:
1. Balkabağını, tohumları ve diğer malzemelerle birlikte bir karıştırıcıda karıştırın, iyice karıştırın, kaselere bölün ve garnitür olarak servis yapın.

Beslenme: Kalori 162, yağ 12,7, lif 2,3, karbonhidrat 9,7, protein 5,5

Ispanak kreması

Hazırlama süresi: 10 dakika.
Hazırlama süresi: 20 dakika.
Porsiyon: 4

İçindekiler:

- 1 kilo doğranmış ıspanak
- 1 su bardağı hindistan cevizi kreması
- 1 bardak yağsız mozzarella, kıyılmış
- Bir tutam karabiber
- 1 yemek kaşığı kıyılmış dereotu

Başlıklar:

1. Ispanağı krema ve diğer malzemelerle bir pişirme kabında birleştirin, iyice karıştırın, fırına koyun ve 400 derecede 20 dakika pişirin.
2. Kaselere paylaştırıp servis yapın.

Beslenme:kalori 186, yağ 14,8, lif 4,4, karbonhidratlar 8,4, protein 8,8

Zeytin ve kişniş sosu

Hazırlama süresi: 5 dakika.
Hazırlama süresi: 0 dakika.
Porsiyon: 4

İçindekiler:
- 1 kırmızı soğan, doğranmış
- 1 su bardağı çekirdeği çıkarılmış ve ikiye bölünmüş siyah zeytin
- 1 adet doğranmış salatalık
- ¼ bardak kıyılmış kişniş
- Bir tutam karabiber
- 2 yemek kaşığı limon suyu

Başlıklar:
1. Bir kapta zeytinleri salatalık ve diğer malzemelerle karıştırıp karıştırıp soğuk olarak atıştırmalık olarak servis edin.

Beslenme:kalori 64, yağ 3,7, lif 2,1, karbonhidratlar 8,4, protein 1,1

Frenk soğanı ve pancar sosu

Hazırlama süresi: 5 dakika.
Hazırlama süresi: 25 dakika.
Porsiyon: 4

İçindekiler:

- 2 yemek kaşığı zeytinyağı
- 1 kırmızı soğan, doğranmış
- 2 yemek kaşığı doğranmış frenk soğanı
- Bir tutam karabiber
- 1 pancar, soyulmuş ve doğranmış
- 8 ons az yağlı krem peynir
- 1 su bardağı hindistan cevizi kreması

Başlıklar:

1. Tavayı orta ateşte yağla ısıtın, soğanı ekleyin ve 5 dakika kızartın.
2. Geri kalan malzemeleri ekleyin ve düzenli olarak karıştırarak 20 dakika daha pişirin.
3. Karışımı blendera aktarın, iyice çırpın, kaselere paylaştırın ve servis yapın.

Beslenme: Kalori 418, yağ 41,2, lif 2,5, karbonhidrat 10, protein 6,4

salatalık sosu

Hazırlama süresi: 5 dakika.
Hazırlama süresi: 0 dakika.
Porsiyon: 4

İçindekiler:
- 1 kiloluk doğranmış salatalık
- 1 avokado, soyulmuş, çekirdeği çıkarılmış ve doğranmış
- 1 yemek kaşığı kapari, süzülmüş
- 1 yemek kaşığı doğranmış frenk soğanı
- 1 küçük kırmızı soğan, doğranmış
- 1 yemek kaşığı zeytinyağı
- 1 yemek kaşığı balzamik sirke

Başlıklar:
1. Salatalığı avokado ve diğer malzemelerle bir kasede karıştırın, karıştırın, küçük fincanlara paylaştırın ve servis yapın.

Beslenme:kalori 132, yağ 4,4, lif 4, karbonhidratlar 11,6, protein 4,5

nohut sosu

Hazırlama süresi: 5 dakika.
Hazırlama süresi: 0 dakika.
Porsiyon: 4

İçindekiler:
- 1 yemek kaşığı zeytinyağı
- 1 yemek kaşığı limon suyu
- 1 yemek kaşığı susam ezmesi
- 2 yemek kaşığı doğranmış frenk soğanı
- 2 adet ince doğranmış frenk soğanı
- 2 su bardağı konserve nohut, tuzsuz, süzün ve durulayın

Başlıklar:
1. Blenderda nohutları yağ ve frenk soğanı dışındaki diğer malzemelerle karıştırın, iyice karıştırın, kaselere paylaştırın, üzerine frenk soğanı serpin ve servis yapın.

Beslenme: Kalori 280, yağ 13,3, lif 5,5, karbonhidrat 14,8, protein 6,2

zeytin sosu

Hazırlama süresi: 4 dakika.
Hazırlama süresi: 0 dakika.
Porsiyon: 4

İçindekiler:
- 2 su bardağı çekirdekleri çıkarılmış ve doğranmış siyah zeytin
- 1 su bardağı kıyılmış nane
- 2 yemek kaşığı avokado yağı
- ½ su bardağı hindistan cevizi kreması
- ¼ bardak limon suyu
- Bir tutam karabiber

Başlıklar:
1. Blenderda zeytinleri nane ve diğer malzemelerle karıştırıp iyice harmanlayın, kaselere paylaştırıp servis yapın.

Beslenme:kalori 287, yağ 13,3, lif 4,7, karbonhidratlar 17,4, protein 2,4

Hindistan cevizi soğan sosu

Hazırlama süresi: 5 dakika.
Hazırlama süresi: 0 dakika.
Porsiyon: 4

İçindekiler:

- 4 adet ince doğranmış frenk soğanı
- 1 ince doğranmış taze soğan
- 1 yemek kaşığı limon suyu
- Bir tutam karabiber
- 2 ons az yağlı mozzarella peyniri, kıyılmış
- 1 su bardağı hindistan cevizi kreması
- 1 yemek kaşığı kıyılmış maydanoz

Başlıklar:

1. Bir karıştırıcıda, yeşil soğanları yeşil soğan ve diğer malzemelerle birleştirin, iyice nabız atın, kaselere bölün ve parti sosu olarak servis yapın.

Beslenme: Kalori 271, yağ 15,3, lif 5, karbonhidrat 15,9, protein 6,9

Çam fıstığı ve Hindistan cevizi sosu

Hazırlama süresi: 5 dakika.
Hazırlama süresi: 0 dakika.
Porsiyon: 4

İçindekiler:
- 8 ons hindistan cevizi kreması
- 1 yemek kaşığı kıyılmış çam fıstığı
- 2 yemek kaşığı kıyılmış maydanoz
- Bir tutam karabiber

Başlıklar:
1. Kremayı çam fıstığı ve diğer malzemelerle birlikte bir kaseye alıp iyice çırpın, kaselere paylaştırıp servis yapın.

Beslenme: Kalori 281, yağ 13, lif 4,8, karbonhidrat 16, protein 3,56

Roka ve salatalık sosu

Hazırlama süresi: 5 dakika.
Hazırlama süresi: 0 dakika.
Porsiyon: 4

İçindekiler:
- 4 adet ince doğranmış frenk soğanı
- 2 domates, doğranmış
- 4 salatalık, doğranmış
- 1 yemek kaşığı balzamik sirke
- 1 su bardağı roka yaprağı
- 2 yemek kaşığı limon suyu
- 2 yemek kaşığı zeytinyağı
- Bir tutam karabiber

Başlıklar:
1. Bir kapta salçayı domates ve diğer malzemelerle karıştırın, karıştırın, küçük kaselere paylaştırın ve atıştırmalık olarak servis yapın.

Beslenme: Kalori 139, yağ 3,8, lif 4,5, karbonhidrat 14, protein 5,4

peynir sosu

Hazırlama süresi: 5 dakika.
Hazırlama süresi: 0 dakika.
Porsiyon: 6

İçindekiler:
- 1 yemek kaşığı kıyılmış nane
- 1 yemek kaşığı kıyılmış kekik
- 10 ons yağsız krem peynir
- ½ fincan zencefil, dilimlenmiş
- 2 yemek kaşığı hindistan cevizi amino asitleri

Başlıklar:
1. Krem peyniri, zencefil ve diğer malzemelerle blenderda karıştırın, iyice karıştırın, küçük fincanlara paylaştırın ve servis yapın.

Beslenme: Kalori 388, yağ 15,4, lif 6, karbonhidrat 14,3, protein 6

Kırmızı biberli yoğurt sosu

Hazırlama süresi: 5 dakika.
Hazırlama süresi: 0 dakika.
Porsiyon: 4

İçindekiler:

- 3 su bardağı az yağlı yoğurt
- 2 adet ince doğranmış frenk soğanı
- 1 çay kaşığı tatlı kırmızı biber
- ¼ bardak kıyılmış badem
- ¼ bardak kıyılmış dereotu

Başlıklar:

1. Yoğurdu soğan ve diğer malzemelerle bir kasede karıştırıp çırpın, kaselere bölüştürün ve servis yapın.

Beslenme: Kalori 181, yağ 12,2, lif 6, karbonhidrat 14,1, protein 7

karnabahar sosu

Hazırlama süresi: 5 dakika.
Hazırlama süresi: 0 dakika.
Porsiyon: 4

İçindekiler:
- 1 kilo karnabahar çiçeği, beyazlatılmış
- 1 su bardağı kalamata zeytini çekirdekleri çıkarılmış ve ikiye bölünmüş
- 1 su bardağı kiraz domates, ikiye bölünmüş
- 1 yemek kaşığı zeytinyağı
- 1 yemek kaşığı limon suyu
- Bir tutam karabiber

Başlıklar:
1. Karnabaharı, zeytin ve diğer malzemelerle bir kasede karıştırıp servis yapın.

Beslenme:kalori 139, yağ 4, lif 3,6, karbonhidrat 5,5, protein 3,4

Karides kreması

Hazırlama süresi: 5 dakika.
Hazırlama süresi: 0 dakika.
Porsiyon: 4

İçindekiler:
- 8 ons hindistan cevizi kreması
- 1 kiloluk karides, pişmiş, soyulmuş, ayrılmış ve doğranmış
- 2 yemek kaşığı kıyılmış dereotu
- 2 adet ince doğranmış frenk soğanı
- 1 yemek kaşığı kıyılmış kişniş
- Bir tutam karabiber

Başlıklar:
1. Bir kapta karidesleri krema ve diğer malzemelerle karıştırıp çırpın ve yarım krema olarak servis yapın.

Beslenme: Kalori 362, yağ 14,3, lif 6, karbonhidrat 14,6, protein 5,9

şeftali sosu

Hazırlama süresi: 4 dakika.
Hazırlama süresi: 0 dakika.
Porsiyon: 4

İçindekiler:

- 4 şeftali, çekirdekleri çıkarılmış ve doğranmış
- 1 su bardağı kalamata zeytini çekirdekleri çıkarılmış ve ikiye bölünmüş
- 1 avokado, çekirdeği çıkarılmış, soyulmuş ve doğranmış
- 1 su bardağı kiraz domates, ikiye bölünmüş
- 1 yemek kaşığı zeytinyağı
- 1 yemek kaşığı limon suyu
- 1 yemek kaşığı kıyılmış kişniş

Başlıklar:

1. Bir kapta şeftalileri zeytin ve diğer malzemelerle karıştırıp iyice karıştırıp soğuk servis yapın.

Beslenme: Kalori 200, yağ 7,5, lif 5, karbonhidrat 13,3, protein 4,9

havuç cipsi

Hazırlama süresi: 10 dakika.
Hazırlama süresi: 20 dakika.
Porsiyon: 4

İçindekiler:
- 4 havuç, ince dilimlenmiş
- 2 yemek kaşığı zeytinyağı
- Bir tutam karabiber
- 1 çay kaşığı tatlı kırmızı biber
- ½ çay kaşığı zerdeçal tozu
- Bir tutam kırmızı biber gevreği

Başlıklar:
1. Havuç dilimlerini bir kapta yağ ve diğer malzemelerle karıştırıp karıştırın.
2. Yağda kızartılmış fırın tepsisine yayın, 400 °C'de 25 dakika pişirin, kaselere paylaştırın ve atıştırmalık olarak servis yapın.

Beslenme:kalori 180, yağ 3, lif 3,3, karbonhidratlar 5,8, protein 1,3

Kuşkonmaz ısırıkları

Hazırlama süresi: 4 dakika.
Hazırlama süresi: 20 dakika.
Porsiyon: 4

İçindekiler:
- 2 yemek kaşığı eritilmiş hindistancevizi yağı
- 1 kilo kuşkonmaz, kesilmiş ve ikiye bölünmüş
- 1 çay kaşığı sarımsak tozu
- 1 çay kaşığı kurutulmuş biberiye
- 1 çay kaşığı biber tozu

Başlıklar:
1. Kuşkonmazı yağ ve diğer malzemelerle birlikte bir kaseye atın, dışarı atın, pişirme kağıdı serili fırın tepsisine yayın ve 400 derecede 20 dakika pişirin.
2. Kaselere paylaştırıp soğuk olarak atıştırmalık olarak servis yapın.

Beslenme: Kalori 170, yağ 4,3, lif 4, karbonhidrat 7, protein 4,5

Kızarmış incir yemekleri

Hazırlama süresi: 4 dakika.

Hazırlama süresi: 12 dakika.

Porsiyon: 4

İçindekiler:

- 8 incir, yarıya bölünmüş
- 1 yemek kaşığı avokado yağı
- 1 çay kaşığı öğütülmüş hindistan cevizi

Başlıklar:

1. Bir tavada incirleri yağ ve hindistan ceviziyle birleştirin, karıştırın ve 400 F'de 12 dakika kızartın.
2. İncirleri küçük kaselere paylaştırıp atıştırmalık olarak servis yapın.

Beslenme:kalori 180, yağ 4,3, lif 2, karbonhidrat 2, protein 3,2

Lahana ve karides sosu

Hazırlama süresi: 5 dakika.
Hazırlama süresi: 6 dakika.
Porsiyon: 4

İçindekiler:

- 2 su bardağı kırmızı lahana, kıyılmış
- 1 kiloluk karides, soyulmuş ve ayrılmış
- 1 yemek kaşığı zeytinyağı
- Bir tutam karabiber
- 2 adet ince doğranmış frenk soğanı
- 1 su bardağı doğranmış domates
- ½ çay kaşığı sarımsak tozu

Başlıklar:

1. Tavayı orta ateşte yağla ısıtın, karidesleri ekleyin, karıştırın ve her iki tarafını da 3 dakika kızartın.
2. Lahanayı karides ve diğer malzemelerle bir kasede karıştırın, karıştırın, küçük kaselere paylaştırın ve servis yapın.

Beslenme: Kalori 225, yağ 9,7, lif 5,1, karbonhidrat 11,4, protein 4,5

avokado tekneleri

Hazırlama süresi: 5 dakika.
Hazırlama süresi: 10 dakika.
Porsiyon: 4

İçindekiler:

- 2 avokado, soyulmuş, çekirdeği çıkarılmış ve doğranmış
- 1 yemek kaşığı avokado yağı
- 1 yemek kaşığı limon suyu
- 1 çay kaşığı öğütülmüş kişniş

Başlıklar:

1. Avokado dilimlerini pişirme kağıdı serili bir fırın tepsisine yayın, yağı ve diğer malzemeleri ekleyin, karıştırın ve 300 F'de 10 dakika pişirin.
2. Bardaklara paylaştırıp atıştırmalık olarak servis yapın.

Beslenme: Kalori 212, yağ 20,1, lif 6,9, karbonhidrat 9,8, protein 2

limon sosu

Hazırlama süresi: 4 dakika.
Hazırlama süresi: 0 dakika.
Porsiyon: 4

İçindekiler:

- 1 su bardağı az yağlı krem peynir
- tatmak için karabiber
- ½ su bardağı limon suyu
- 1 yemek kaşığı kıyılmış kişniş
- 3 diş sarımsak, doğranmış

Başlıklar:

1. Mutfak robotunda krem peyniri limon suyu ve diğer malzemelerle karıştırıp iyice karıştırıp kaselere paylaştırıp servis yapın.

Beslenme:kalori 213, yağ 20,5, lif 0,2, karbonhidratlar 2,8, protein 4,8

tatlı patates sosu

Hazırlama süresi: 10 dakika.
Hazırlama süresi: 40 dakika.
Porsiyon: 4

İçindekiler:

- 1 bardak tatlı patates, soyulmuş ve doğranmış
- 1 yemek kaşığı düşük sodyumlu sebze suyu
- pişirme spreyi
- 2 yemek kaşığı hindistan cevizi kreması
- 2 çay kaşığı kurutulmuş biberiye
- tatmak için karabiber

Başlıklar:

1. Patatesleri et suyu ve diğer malzemelerle bir pişirme kabında birleştirin, karıştırın, 365 F'de 40 dakika pişirin, karıştırıcıya aktarın, iyice nabız atın, küçük kaselere bölün ve servis yapın.

Beslenme:kalori 65, yağ 2,1, lif 2, karbonhidrat 11,3, protein 0,8

Fasulye sosu

Hazırlama süresi: 5 dakika.
Hazırlama süresi: 0 dakika.
Porsiyon: 4

İçindekiler:
- 1 su bardağı konserve siyah fasulye, tuzsuz, süzülmüş
- 1 su bardağı konserve barbunya fasulyesi, tuzsuz, süzülmüş
- 1 çay kaşığı balzamik sirke
- 1 su bardağı doğranmış kiraz domates
- 1 yemek kaşığı zeytinyağı
- 2 arpacık, ince doğranmış

Başlıklar:
1. Fasulyeleri sirke ve diğer malzemelerle bir kasede karıştırın, karıştırın ve parti atıştırmalık olarak servis yapın.

Beslenme: Kalori 362, yağ 4,8, lif 14,9, karbonhidrat 61, protein 21,4

Yeşil fasulye ezmesi

Hazırlama süresi: 10 dakika.
Hazırlama süresi: 10 dakika.
Porsiyon: 4

İçindekiler:
- 1 kilo yeşil fasulye, kesilmiş ve ikiye bölünmüş
- 1 yemek kaşığı zeytinyağı
- 2 çay kaşığı kapari, süzülmüş
- 6 ons yeşil zeytin, çekirdeği çıkarılmış ve dilimlenmiş
- 4 diş sarımsak, doğranmış
- 1 yemek kaşığı limon suyu
- 1 yemek kaşığı kıyılmış kekik
- tatmak için karabiber

Başlıklar:
1. Tavayı orta-yüksek ateşte yağla ısıtın, sarımsak ve yeşil fasulyeyi ekleyin, karıştırın ve 3 dakika pişirin.
2. Diğer malzemeleri ekleyip karıştırın, 7 dakika daha pişirin, küçük fincanlara bölüştürün ve soğuk servis yapın.

Beslenme:kalori 111, yağ 6,7, lif 5,6, karbonhidratlar 13,2, protein 2,9

Havuç kreması

Hazırlama süresi: 10 dakika.
Hazırlama süresi: 30 dakika.
Porsiyon: 4

İçindekiler:
- 1 pound havuç, soyulmuş ve doğranmış
- ½ su bardağı kıyılmış ceviz
- 2 bardak düşük sodyumlu sebze suyu
- 1 su bardağı hindistan cevizi kreması
- 1 yemek kaşığı kıyılmış biberiye
- 1 çay kaşığı sarımsak tozu
- ¼ çay kaşığı füme kırmızı biber

Başlıklar:
1. Havuçları et suyu, ceviz ve krema ve biberiye hariç diğer tüm malzemelerle küçük bir tencerede birleştirin, karıştırın, orta ateşte kaynatın, 30 dakika pişirin, süzün ve bir karıştırıcıya aktarın.
2. Kremayı ekleyin, iyice karıştırın, kaselere paylaştırın, üzerine biberiye serpin ve servis yapın.

Beslenme:kalori 201, yağ 8,7, lif 3,4, karbonhidratlar 7,8, protein 7,7

Ketçap

Hazırlama süresi: 10 dakika.
Hazırlama süresi: 10 dakika.
Porsiyon: 4

İçindekiler:

- 1 kilo domates, soyulmuş ve doğranmış
- ½ bardak kıyılmış sarımsak
- 2 yemek kaşığı zeytinyağı
- Bir tutam karabiber
- 2 arpacık, ince doğranmış
- 1 çay kaşığı kurutulmuş kekik

Başlıklar:

1. Tavayı orta ateşte yağla ısıtın, sarımsak ve arpacık soğanı ekleyin, karıştırın ve 2 dakika pişirin.
2. Domatesleri ve diğer malzemeleri ekleyin, 8 dakika daha pişirin ve blendera aktarın.
3. İyice nabız atın, küçük fincanlara bölün ve atıştırmalık olarak servis yapın.

Beslenme:kalori 232, yağ 11,3, lif 3,9, karbonhidratlar 7,9, protein 4,5

somon kaseleri

Hazırlama süresi: 10 dakika.
Hazırlama süresi: 0 dakika.
Porsiyon: 6

İçindekiler:
- 1 yemek kaşığı avokado yağı
- 1 yemek kaşığı balzamik sirke
- ½ çay kaşığı kurutulmuş kekik
- 1 su bardağı füme somon, tuzsuz, kemiksiz, derisiz ve doğranmış
- 1 bardak sos
- 4 su bardağı bebek ıspanak

Başlıklar:
1. Somonu bir kasede sos ve diğer malzemelerle karıştırın, karıştırın, küçük fincanlara paylaştırın ve servis yapın.

Beslenme:Kalori 281, yağ 14,4, lif 7,4, karbonhidrat 18,7, protein 7,4

Domates sosu ve mısır

Hazırlama süresi: 4 dakika.
Hazırlama süresi: 0 dakika.
Porsiyon: 4

İçindekiler:

- 3 bardak mısır
- 2 su bardağı doğranmış domates
- 2 adet doğranmış yeşil soğan
- 2 yemek kaşığı zeytinyağı
- 1 ince doğranmış kırmızı biber
- ½ yemek kaşığı doğranmış frenk soğanı

Başlıklar:

1. Bir salata kasesinde domatesleri mısır ve diğer malzemelerle karıştırıp karıştırıp soğuk olarak sandviç olarak servis edin.

Beslenme: Kalori 178, yağ 8,6, lif 4,5, karbonhidrat 25,9, protein 4,7

Kızarmış mantarlar

Hazırlama süresi: 10 dakika.
Hazırlama süresi: 25 dakika.
Porsiyon: 4

İçindekiler:
- 1 kilo küçük mantar kapağı
- 2 yemek kaşığı zeytinyağı
- 1 yemek kaşığı doğranmış frenk soğanı
- 1 yemek kaşığı kıyılmış biberiye
- tatmak için karabiber

Başlıklar:
1. Mantarları bir tavaya koyun, yağı ve diğer malzemeleri ekleyin, karıştırın, 400°C'de 25 dakika pişirin, kaselere paylaştırın ve atıştırmalık olarak servis yapın.

Beslenme: Kalori 215, yağ 12,3, lif 6,7, karbonhidrat 15,3, protein 3,5

Fasulye saçılması

Hazırlama süresi: 5 dakika.
Hazırlama süresi: 0 dakika.
Porsiyon: 4

İçindekiler:

- ½ su bardağı hindistan cevizi kreması
- 1 yemek kaşığı zeytinyağı
- 2 bardak konserve siyah fasulye, tuzsuz, süzülmüş ve durulanmış
- 2 yemek kaşığı doğranmış yeşil soğan

Başlıklar:

1. Fasulyeleri krema ve diğer malzemelerle birlikte blenderdan geçirin, iyice karıştırın, kaselere paylaştırın ve servis yapın.

Beslenme: Kalori 311, yağ 13,5, lif 6, karbonhidrat 18,0, protein 8

Kişniş ve rezene sosu

Hazırlama süresi: 5 dakika.
Hazırlama süresi: 0 dakika.
Porsiyon: 4

İçindekiler:
- 2 adet ince doğranmış frenk soğanı
- 2 rezene soğanı, ezilmiş
- 1 doğranmış yeşil biber
- 1 doğranmış domates
- 1 çay kaşığı zerdeçal tozu
- 1 çay kaşığı limon suyu
- 2 yemek kaşığı kıyılmış kişniş
- tatmak için karabiber

Başlıklar:
1. Bir salata kasesinde rezeneyi soğan ve diğer malzemelerle karıştırıp karıştırıp bardaklara paylaştırıp servis yapın.

Beslenme:kalori 310, yağ 11,5, lif 5,1, karbonhidratlar 22,3, protein 6,5

Brüksel lahanası ısırıkları

Hazırlama süresi: 10 dakika.
Hazırlama süresi: 25 dakika.
Porsiyon: 4

İçindekiler:

- 1 kilo Brüksel lahanası, kesilmiş ve yarıya bölünmüş
- 2 yemek kaşığı zeytinyağı
- 1 yemek kaşığı kimyon, öğütülmüş
- 1 su bardağı kıyılmış dereotu
- 2 diş ince kıyılmış sarımsak

Başlıklar:

1. Brüksel lahanalarını yağ ve diğer malzemelerle birlikte bir tavaya atın, çevirin ve 390 F'de 25 dakika pişirin.
2. Filizleri kaselere paylaştırıp atıştırmalık olarak servis yapın.

Beslenme: Kalori 270, yağ 10,3, lif 5,2, karbonhidrat 11,1, protein 6

Balzamik ceviz ısırıkları

Hazırlama süresi: 10 dakika.
Hazırlama süresi: 15 dakika.
Porsiyon: 4

İçindekiler:

- 2 su bardağı ceviz
- 3 yemek kaşığı kırmızı sirke
- Bir damla zeytinyağı
- Bir tutam acı biber
- Bir tutam kırmızı biber gevreği
- tatmak için karabiber

Başlıklar:

1. Cevizleri çizgili bir tepsiye yayın, sirkeyi ve diğer malzemeleri ekleyip karıştırın ve 400 derecede 15 dakika pişirin.
2. Fıstıkları kaselere paylaştırıp servis yapın.

Beslenme: Kalori 280, yağ 12,2, lif 2, karbonhidrat 15,8, protein 6

Turp cipsi

Hazırlama süresi: 10 dakika.
Hazırlama süresi: 20 dakika.
Porsiyon: 4

İçindekiler:
- 1 kilo turp, ince dilimlenmiş
- Bir tutam zerdeçal tozu
- tatmak için karabiber
- 2 yemek kaşığı zeytinyağı

Başlıklar:
1. Turp dilimlerini çizgili bir tepsiye yayın, yağı ve diğer malzemeleri ekleyin, karıştırın ve 400 derecede 20 dakika pişirin.
2. Kızartmayı kaselere paylaştırıp servis yapın.

Beslenme: Kalori 120, yağ 8,3, lif 1, karbonhidrat 3,8, protein 6

Pırasa ve karides salatası

Hazırlama süresi: 4 dakika.
Hazırlama süresi: 0 dakika.
Porsiyon: 4

İçindekiler:
- 2 pırasa, dilimlenmiş
- 1 su bardağı kıyılmış kişniş
- 1 kilo karides, soyulmuş, ayıklanmış ve haşlanmış
- 1 misket limonunun suyu
- 1 yemek kaşığı rendelenmiş limon kabuğu rendesi
- 1 su bardağı kiraz domates, ikiye bölünmüş
- 2 yemek kaşığı zeytinyağı
- Tatmak için tuz ve karabiber

Başlıklar:
1. Bir salata kasesinde karidesleri pırasa ve diğer malzemelerle karıştırın, karıştırın, küçük fincanlara paylaştırın ve servis yapın.

Beslenme: Kalori 280, yağ 9,1, lif 5,2, karbonhidrat 12,6, protein 5

pırasa sosu

Hazırlama süresi: 5 dakika.
Hazırlama süresi: 0 dakika.
Porsiyon: 4

İçindekiler:
- 1 yemek kaşığı limon suyu
- ½ su bardağı az yağlı krem peynir
- 2 yemek kaşığı zeytinyağı
- tatmak için karabiber
- 4 ince doğranmış pırasa
- 1 yemek kaşığı kıyılmış kişniş

Başlıklar:
1. Krem peyniri pırasa ve diğer malzemelerle blenderda karıştırıp iyice karıştırın, kaselere paylaştırın ve sos olarak servis yapın.

Beslenme:kalori 300, yağ 12,2, lif 7,6, karbonhidratlar 14,7, protein 5,6

Biber salatası

Hazırlama süresi: 5 dakika.

Hazırlama süresi: 0 dakika.

Porsiyon: 4

İçindekiler:

- ½ kilo kırmızı dolmalık biber, ince şeritler halinde kesilmiş
- 3 doğranmış yeşil soğan
- 1 yemek kaşığı zeytinyağı
- 2 çay kaşığı rendelenmiş zencefil
- ½ çay kaşığı kurutulmuş biberiye
- 3 yemek kaşığı balzamik sirke

Başlıklar:

1. Bir salata kasesinde kırmızı biberi soğan ve diğer malzemelerle karıştırın, karıştırın, küçük fincanlara paylaştırın ve servis yapın.

Beslenme: Kalori 160, yağ 6, lif 3, karbonhidrat 10,9, protein 5,2

avokado kreması

Hazırlama süresi: 4 dakika.
Hazırlama süresi: 0 dakika.
Porsiyon: 4

İçindekiler:

- 2 yemek kaşığı kıyılmış dereotu
- 1 ince doğranmış taze soğan
- 2 diş ince kıyılmış sarımsak
- 2 avokado, soyulmuş, çekirdeği çıkarılmış ve doğranmış
- 1 su bardağı hindistan cevizi kreması
- 2 yemek kaşığı zeytinyağı
- 2 yemek kaşığı limon suyu
- tatmak için karabiber

Başlıklar:

1. Avokadoları arpacık soğan, sarımsak ve diğer malzemelerle birlikte blendera koyun, iyice ezin, küçük kaselere bölün ve atıştırmalık olarak servis yapın.

Beslenme:Kalori 300, yağ 22,3, lif 6,4, karbonhidrat 42, protein 8,9

mısır sosu

Hazırlama süresi: 30 dakika.
Hazırlama süresi: 0 dakika.
Porsiyon: 4

İçindekiler:
- Bir tutam acı biber
- Bir tutam karabiber
- 2 bardak mısır
- 1 su bardağı hindistan cevizi kreması
- 2 yemek kaşığı limon suyu
- 2 yemek kaşığı avokado yağı

Başlıklar:
1. Mısırı krema ve diğer malzemelerle bir karıştırıcıda karıştırın, iyice çırpın, kaselere bölün ve sos olarak servis yapın.

Beslenme: Kalori 215, yağ 16,2, lif 3,8, karbonhidrat 18,4, protein 4

Fasulye sapları

Hazırlama süresi: 2 saat.
Hazırlama süresi: 0 dakika.
Porsiyon: 12

İçindekiler:
- 1 su bardağı konserve siyah fasulye, tuzsuz, süzülmüş
- 1 su bardağı rendelenmiş hindistan cevizi, şekersiz
- 1 su bardağı yağsız tereyağı
- ½ su bardağı chia tohumu
- ½ su bardağı hindistan cevizi kreması

Başlıklar:
1. Fasulyeleri rendelenmiş hindistan cevizi ve diğer malzemelerle bir karıştırıcıda karıştırın, iyice çırpın, karelere bölün, bastırın, 2 saat buzdolabında bekletin, orta büyüklükte dilimler halinde kesin ve servis yapın.

Beslenme: Kalori 141, yağ 7, lif 5, karbonhidrat 16,2, protein 5

Kabak çekirdeği ve elma cipsi karışımı

Hazırlama süresi: 10 dakika.
Hazırlama süresi: 2 saat.
Porsiyon: 4

İçindekiler:
- pişirme spreyi
- 2 çay kaşığı öğütülmüş hindistan cevizi
- 1 su bardağı kabak çekirdeği
- 2 elma, çekirdekleri çıkarılmış ve ince dilimlenmiş

Başlıklar:
1. Kabak çekirdeğini ve elma cipslerini pişirme kağıdı serili bir fırın tepsisine yerleştirin, üzerine hindistan cevizi serpin, spreyle kaplayın, fırına koyun ve 300 derecede 2 saat pişirin.
2. Kaselere paylaştırıp atıştırmalık olarak servis yapın.

Beslenme: Kalori 80, yağ 0, lif 3, karbonhidrat 7, protein 4

Domates ve yoğurtlu dip

Hazırlama süresi: 5 dakika.
Hazırlama süresi: 0 dakika.
Porsiyon: 4

İçindekiler:
- 2 bardak yağsız Yunan yoğurdu
- 1 yemek kaşığı kıyılmış maydanoz
- ¼ bardak konserve domates, tuzsuz, doğranmış
- 2 yemek kaşığı doğranmış frenk soğanı
- tatmak için karabiber

Başlıklar:
1. Yoğurt, maydanoz ve diğer malzemeleri bir kasede karıştırıp iyice karıştırın, küçük kaselere paylaştırın ve parti sosu olarak servis yapın.

Beslenme: Kalori 78, yağ 0, lif 0,2, karbonhidrat 10,6, protein 8,2

Kase kırmızı pancar

Hazırlama süresi: 10 dakika.
Hazırlama süresi: 35 dakika.
Porsiyon: 2

İçindekiler:

- 1 çay kaşığı acı biber
- 2 pancar, soyulmuş ve doğranmış
- 1 çay kaşığı kurutulmuş biberiye
- 1 yemek kaşığı zeytinyağı
- 2 çay kaşığı limon suyu

Başlıklar:

1. Bir tavada pancarları kırmızı biber ve diğer malzemelerle birleştirin, karıştırın, fırına koyun, 355 derece F'de 35 dakika pişirin, küçük kaselere bölün ve atıştırmalık olarak servis yapın.

Beslenme: Kalori 170, yağ 12,2, lif 7, karbonhidrat 15,1, protein 6

Ceviz ve cevizli kaseler

Hazırlama süresi: 10 dakika.
Hazırlama süresi: 10 dakika.
Porsiyon: 4

İçindekiler:

- 2 su bardağı ceviz
- 1 su bardağı kıyılmış ceviz
- 1 çay kaşığı avokado yağı
- ½ çay kaşığı tatlı kırmızı biber

Başlıklar:

1. Üzüm ve cevizleri pişirme kağıdı serili tepsiye yayın, yağ ve kırmızı biberi ekleyip karıştırın ve 400 derecede 10 dakika pişirin.
2. Kaselere paylaştırıp atıştırmalık olarak servis yapın.

Beslenme: Kalori 220, yağ 12,4, lif 3, karbonhidrat 12,9, protein 5,6

Somon ve maydanozlu kekler

Hazırlama süresi: 10 dakika.
Hazırlama süresi: 25 dakika.
Porsiyon: 4

İçindekiler:

- 1 su bardağı rendelenmiş az yağlı mozzarella peyniri
- 8 ons füme somon, derisiz, kemikli ve doğranmış
- 1 su bardağı badem unu
- 1 çırpılmış yumurta
- 1 çay kaşığı kurutulmuş maydanoz
- 1 diş doğranmış sarımsak
- tatmak için karabiber
- pişirme spreyi

Başlıklar:

1. Somonu mozzarella peyniri ve pişirme spreyi hariç diğer tüm malzemelerle bir kasede birleştirin ve iyice karıştırın.
2. Bu karışımı pişirme spreyi ile yağlanmış muffin kalıbına dökün, 375°C sıcaklıktaki fırında 25 dakika pişirin ve atıştırmalık olarak servis yapın.

Beslenme: Kalori 273, yağ 17, lif 3,5, karbonhidrat 6,9, protein 21,8

Kabak topları

Hazırlama süresi: 10 dakika.
Hazırlama süresi: 20 dakika.
Porsiyon: 8

İçindekiler:
- Bir damla zeytinyağı
- 1 büyük kabak, soyulmuş ve doğranmış
- 2 yemek kaşığı kıyılmış kişniş
- 2 çırpılmış yumurta
- ½ su bardağı tam buğday unu
- tatmak için karabiber
- 2 arpacık, ince doğranmış
- 2 diş ince kıyılmış sarımsak

Başlıklar:
1. Balkabağını, kişniş ve yağ hariç diğer malzemelerle bir kapta karıştırın, iyice karıştırın ve bu karışımdan orta büyüklükte toplar oluşturun.
2. Yağlı kağıt serili tepsiye dizin, fırçayla yağlayın, 400 derecede her iki tarafı da 10 dakika pişirin, kaselere paylaştırıp servis yapın.

Beslenme: Kalori 78, yağ 3, lif 0,9, karbonhidrat 10,8, protein 2,7

İnci peynirli soğan kaseleri

Hazırlama süresi: 10 dakika.
Hazırlama süresi: 30 dakika.
Porsiyon: 8

İçindekiler:

- 20 soyulmuş beyaz soğan
- 3 yemek kaşığı kıyılmış maydanoz
- 1 yemek kaşığı doğranmış frenk soğanı
- tatmak için karabiber
- 1 bardak yağsız mozzarella, kıyılmış
- 1 yemek kaşığı zeytinyağı

Başlıklar:

1. Arpacık soğanları pişirme kağıdı serili tepsiye yayın, yağı, maydanozu, frenk soğanı ve karabiberi ekleyip karıştırın.
2. Üzerine mozarella serpin, 390 F'de 30 dakika pişirin, kaselere paylaştırın ve atıştırmalık olarak soğuk olarak servis yapın.

Beslenme:kalori 136, yağ 2,7, lif 6, karbonhidrat 25,9, protein 4,1

brokoli rabe

Hazırlama süresi: 10 dakika.
Hazırlama süresi: 25 dakika.
Porsiyon: 8

İçindekiler:
- 1 kilo brokoli çiçeği, doğranmış
- ½ su bardağı rendelenmiş az yağlı mozzarella peyniri
- 2 çırpılmış yumurta
- 1 çay kaşığı kurutulmuş kekik
- 1 çay kaşığı kurutulmuş fesleğen
- tatmak için karabiber

Başlıklar:
1. Bir kapta brokoliyi peynir ve diğer malzemelerle karıştırın, iyice karıştırın, dikdörtgen şeklinde açın ve altına sıkıca bastırın.
2. 380 F'deki fırına koyun, 25 dakika pişirin, dilimler halinde kesin ve soğuk olarak servis yapın.

Beslenme:kalori 46, yağ 1,3, lif 1,8, karbonhidratlar 4,2, protein 5

Ananas ve domates sosu

Hazırlama süresi: 10 dakika.
Hazırlama süresi: 40 dakika.
Porsiyon: 4

İçindekiler:

- 20 oz konserve ananas, süzülmüş ve doğranmış
- 1 su bardağı küp küp doğranmış kurutulmuş domates
- 1 yemek kaşığı kıyılmış fesleğen
- 1 yemek kaşığı avokado yağı
- 1 çay kaşığı limon suyu
- 1 su bardağı siyah zeytin, çekirdekleri çıkarılmış ve dilimlenmiş
- tatmak için karabiber

Başlıklar:

1. Ananas küplerini bir kasede domates ve diğer malzemelerle birleştirip karıştırın, küçük bardaklara bölüştürün ve atıştırmalık olarak servis edin.

Beslenme: Kalori 125, yağ 4,3, lif 3,8, karbonhidrat 23,6, protein 1,5

Hindi ve enginar karışımı

Hazırlama süresi: 5 dakika.
Hazırlama süresi: 25 dakika.
Porsiyon: 4

İçindekiler:

- 2 yemek kaşığı zeytinyağı
- 1 adet derisiz, kemiksiz ve dilimlenmiş hindi göğsü
- Bir tutam karabiber
- 1 yemek kaşığı kıyılmış fesleğen
- 3 diş sarımsak, doğranmış
- 14 ons konserve enginar, tuzsuz, doğranmış
- 1 su bardağı hindistan cevizi kreması
- ¾ bardak az yağlı mozzarella peyniri, kıyılmış

Başlıklar:

1. Tavayı orta-yüksek ateşte yağla ısıtın, eti, sarımsağı ve karabiberi ekleyip karıştırın ve 5 dakika pişirin.
2. Peynir dışındaki diğer malzemeleri ekleyip karıştırın ve orta ateşte 15 dakika pişirin.
3. Üzerine peynir serpin, 5 dakika daha pişirin, tabaklara paylaştırın ve servis yapın.

Beslenme: Kalori 300, yağ 22,2, lif 7,2, karbonhidrat 16,5, protein 13,6

kekikli hindi karışımı

Hazırlama süresi: 10 dakika.
Hazırlama süresi: 30 dakika.
Porsiyon: 4

İçindekiler:

- 2 yemek kaşığı avokado yağı
- 1 kırmızı soğan, doğranmış
- 2 diş ince kıyılmış sarımsak
- Bir tutam karabiber
- 1 yemek kaşığı kıyılmış kekik
- 1 büyük hindi göğsü, derisiz, kemiksiz ve kuşbaşı
- 1 ve ½ dl düşük sodyumlu et suyu
- 1 yemek kaşığı doğranmış frenk soğanı

Başlıklar:

1. Tavayı orta ateşte yağla ısıtın, soğanı ekleyin, karıştırın ve 3 dakika kızartın.
2. Sarımsak ve eti ekleyin, karıştırın ve 3 dakika daha pişirin.
3. Diğer malzemeleri ekleyin, karıştırın, orta ateşte 25 dakika pişirin, tabaklara paylaştırın ve servis yapın.

Beslenme:kalori 76, yağ 2,1, lif 1,7, karbonhidratlar 6,4, protein 8,3

turuncu tavuk

Hazırlama süresi: 10 dakika.
Hazırlama süresi: 35 dakika.
Porsiyon: 4

İçindekiler:
- 1 yemek kaşığı avokado yağı
- 1 kilo derisiz, kemiksiz ve ikiye bölünmüş tavuk göğsü
- 2 diş ince kıyılmış sarımsak
- 2 arpacık, ince doğranmış
- ½ su bardağı portakal suyu
- 1 yemek kaşığı portakal kabuğu
- 3 yemek kaşığı balzamik sirke
- 1 çay kaşığı kıyılmış biberiye

Başlıklar:
1. Bir kızartma tavasını orta yüksek ateşte yağla ısıtın, arpacık soğanı ve sarımsağı ekleyin ve 2 dakika karıştırarak kızartın.
2. Eti ekleyin, yavaşça karıştırın ve 3 dakika daha pişirin.
3. Geri kalan malzemeleri ekleyin, karıştırın, fırın tepsisini fırına yerleştirin ve 340 derecede 30 dakika pişirin.
4. Tabaklara paylaştırıp servis yapın.

Beslenme: Kalori 159, yağ 3,4, lif 0,5, karbonhidrat 5,4, protein 24,6

Sarımsaklı hindi ve mantar

Hazırlama süresi: 10 dakika.
Hazırlama süresi: 40 dakika.
Porsiyon: 4

İçindekiler:

- 1 adet kemiksiz, derisiz ve kuşbaşı hindi göğsü
- ½ kilo beyaz mantar, ikiye bölünmüş
- 1/3 su bardağı hindistan cevizi amino asitleri
- 2 diş ince kıyılmış sarımsak
- 2 yemek kaşığı zeytinyağı
- Bir tutam karabiber
- 2 adet doğranmış yeşil soğan
- 3 yemek kaşığı sarımsak sosu
- 1 yemek kaşığı kıyılmış biberiye

Başlıklar:

1. Tavayı orta ateşte yağla ısıtın, frenk soğanı, sarımsak sosu ve sarımsağı ekleyip 5 dakika kızartın.
2. Eti ekleyin ve 5 dakika daha kızartın.
3. Geri kalan malzemeleri ekleyin, fırına koyun ve 390 derecede 30 dakika pişirin.
4. Karışımı tabaklara paylaştırıp servis yapın.

Beslenme: Kalori 154, yağ 8,1, lif 1,5, karbonhidrat 11,5, protein 9,8

Bir tavada tavuk ve zeytin

Hazırlama süresi: 10 dakika.
Hazırlama süresi: 25 dakika.
Porsiyon: 4

İçindekiler:

- 1 kilo tavuk göğsü, derisiz, kemiksiz ve doğranmış
- Bir tutam karabiber
- 1 yemek kaşığı avokado yağı
- 1 kırmızı soğan, doğranmış
- 1 bardak hindistan cevizi sütü
- 1 yemek kaşığı limon suyu
- 1 su bardağı Kalamata zeytini, çekirdekleri çıkarılmış ve dilimlenmiş
- ¼ bardak kıyılmış kişniş

Başlıklar:

1. Tavayı orta ateşte yağla ısıtın, soğanı ve eti ekleyin ve 5 dakika kızartın.
2. Geri kalan malzemeleri ekleyin, karıştırın, kaynatın ve orta ateşte 20 dakika daha pişirin.
3. Tabaklara paylaştırıp servis yapın.

Beslenme: Kalori 409, yağ 26,8, lif 3,2, karbonhidrat 8,3, protein 34,9

Balzamik hindi şeftali karışımı

Hazırlama süresi: 10 dakika.
Hazırlama süresi: 25 dakika.
Porsiyon: 4

İçindekiler:

- 1 yemek kaşığı avokado yağı
- 1 adet derisiz, kemiksiz ve dilimlenmiş hindi göğsü
- Bir tutam karabiber
- 1 ince doğranmış sarı soğan
- 4 şeftali, çekirdekleri çıkarılmış ve doğranmış
- ¼ bardak balzamik sirke
- 2 yemek kaşığı doğranmış frenk soğanı

Başlıklar:

1. Tavayı yağla orta ateşte ısıtın, eti ve soğanı ekleyin, 5 dakika karıştırarak kızartın.
2. Frenk soğanı dışındaki diğer malzemeleri ekleyin, hafifçe karıştırın ve 390F'de 20 dakika pişirin.
3. Tamamını tabaklara bölüştürün ve üzerine serperek servis yapın.

Beslenme:kalori 123, yağ 1,6, lif 3,3, karbonhidratlar 18,8, protein 9,1

Hindistan cevizi tavuk ve ıspanak

Hazırlama süresi: 10 dakika.
Hazırlama süresi: 25 dakika.
Porsiyon: 4

İçindekiler:

- 1 yemek kaşığı avokado yağı
- 1 kilo tavuk göğsü, derisiz, kemiksiz ve doğranmış
- ½ çay kaşığı kurutulmuş fesleğen
- Bir tutam karabiber
- ¼ bardak düşük sodyumlu sebze suyu
- 2 su bardağı bebek ıspanak
- 2 arpacık, ince doğranmış
- 2 diş ince kıyılmış sarımsak
- ½ çay kaşığı tatlı kırmızı biber
- 2/3 su bardağı hindistan cevizi kreması
- 2 yemek kaşığı kıyılmış kişniş

Başlıklar:

1. Tavayı orta-yüksek ateşte yağla ısıtın, eti, fesleğeni ve karabiberi ekleyip 5 dakika kızartın.
2. Arpacık soğanı ve sarımsağı ekleyip 5 dakika daha pişirin.
3. Geri kalan malzemeleri ekleyin, karıştırın, kaynatın ve orta ateşte 15 dakika daha pişirin.
4. Tabaklara paylaştırıp sıcak olarak servis yapın.

Beslenme: Kalori 237, yağ 12,9, lif 1,6, karbonhidrat 4,7, protein 25,8

Tavuk ve kuşkonmazı karıştırın

Hazırlama süresi: 10 dakika.
Hazırlama süresi: 25 dakika.
Porsiyon: 4

İçindekiler:

- 2 derisiz, kemiksiz ve kuşbaşı tavuk göğsü
- 2 yemek kaşığı avokado yağı
- 2 adet ince doğranmış frenk soğanı
- 1 demet kuşkonmaz, kesilmiş ve yarıya bölünmüş
- ½ çay kaşığı tatlı kırmızı biber
- Bir tutam karabiber
- 14 ons konserve domates, tuzsuz, süzülmüş ve doğranmış

Başlıklar:

1. Tavayı orta ateşte yağla ısıtın, eti ve frenk soğanını ekleyin, 5 dakika karıştırarak kızartın.
2. Kuşkonmazı ve diğer malzemeleri ekleyip karıştırın, tavanın kapağını kapatın ve orta ateşte 20 dakika pişirin.
3. Tamamını tabaklara paylaştırıp servis yapın.

Beslenme: Kalori 171, yağ 6,4, lif 2,6, karbonhidrat 6,4, protein 22,2

Kremalı hindi ve brokoli

Hazırlama süresi: 10 dakika.
Hazırlama süresi: 25 dakika.
Porsiyon: 4

İçindekiler:

- 1 yemek kaşığı zeytinyağı
- 1 büyük hindi göğsü, derisiz, kemiksiz ve kuşbaşı
- 2 su bardağı brokoli çiçeği
- 2 arpacık, ince doğranmış
- 2 diş ince kıyılmış sarımsak
- 1 yemek kaşığı kıyılmış fesleğen
- 1 yemek kaşığı kıyılmış kişniş
- ½ su bardağı hindistan cevizi kreması

Başlıklar:

1. Tavayı orta ateşte yağla ısıtın, eti, arpacık soğanı ve sarımsağı ekleyin, karıştırın ve 5 dakika kızartın.
2. Brokoli ve diğer malzemeleri ekleyip karıştırın, orta ateşte 20 dakika pişirin, tabaklara paylaştırın ve servis yapın.

Beslenme: Kalori 165, yağ 11,5, lif 2,1, karbonhidrat 7,9, protein 9,6

Tavuk ve dereotu ile yeşil fasulye karışımı

Hazırlama süresi: 10 dakika.
Hazırlama süresi: 25 dakika.
Porsiyon: 4

İçindekiler:

- 2 yemek kaşığı zeytinyağı
- 10 ons yeşil fasulye, kesilmiş ve yarıya bölünmüş
- 1 ince doğranmış sarı soğan
- 1 yemek kaşığı kıyılmış dereotu
- 2 adet derisiz, kemiksiz ve ikiye bölünmüş tavuk göğsü
- 2 su bardağı domates sosu, tuzsuz
- ½ çay kaşığı kırmızı biber gevreği, kırılmış

Başlıklar:

1. Tavayı orta ateşte yağla ısıtın, soğanı ve eti ekleyin ve her iki tarafını da 2 dakika kızartın.
2. Yeşil fasulyeleri ve diğer malzemeleri ekleyin, karıştırın, fırına koyun ve 380 F'de 20 dakika pişirin.
3. Tabaklara paylaştırıp hemen servis yapın.

Beslenme: Kalori 391, yağ 17,8, lif 5, karbonhidrat 14,8, protein 43,9

tavuk ve biberli kabak

Hazırlama süresi: 5 dakika.
Hazırlama süresi: 25 dakika.
Porsiyon: 4

İçindekiler:

- 1 kilo tavuk göğsü, derisiz, kemiksiz ve doğranmış
- 1 bardak düşük sodyumlu tavuk suyu
- 2 kabak, doğranmış
- 1 yemek kaşığı zeytinyağı
- 1 su bardağı konserve domates, tuzsuz, doğranmış
- 1 ince doğranmış sarı soğan
- 1 çay kaşığı biber tozu
- 1 yemek kaşığı kıyılmış kişniş

Başlıklar:

1. Tavayı yağla orta ateşte ısıtın, eti ve soğanı ekleyin, 5 dakika karıştırarak kızartın.
2. Kabağı ve diğer malzemeleri ekleyin, yavaşça karıştırın, ısıyı orta seviyeye düşürün ve 20 dakika pişirin.
3. Tamamını tabaklara paylaştırıp servis yapın.

Beslenme: Kalori 284, yağ 12,3, lif 2,4, karbonhidrat 8, protein 35

Avokadolu Tavuk Karışımı

Hazırlama süresi: 10 dakika.
Hazırlama süresi: 20 dakika.
Porsiyon: 4

İçindekiler:
- 2 adet derisiz, kemiksiz ve ikiye bölünmüş tavuk göğsü
- ½ limon suyu
- 2 yemek kaşığı zeytinyağı
- 2 diş ince kıyılmış sarımsak
- ½ bardak düşük sodyumlu sebze suyu
- 1 avokado, soyulmuş, çekirdeği çıkarılmış ve doğranmış
- Bir tutam karabiber

Başlıklar:
1. Tavayı orta ateşte yağla ısıtın, sarımsağı ve eti ekleyin ve her iki tarafını da 2 dakika kızartın.
2. Limon suyunu ve diğer malzemeleri ekleyip kaynatın ve orta ateşte 15 dakika pişirin.
3. Karışımın tamamını tabaklara paylaştırıp servis yapın.

Beslenme: Kalori 436, yağ 27,3, lif 3,6, karbonhidrat 5,6, protein 41,8

Türkiye ve Bok Choy

Hazırlama süresi: 10 dakika.
Hazırlama süresi: 20 dakika.
Porsiyon: 4

İçindekiler:

- 1 adet kemiksiz, derisiz ve kuşbaşı hindi göğsü
- 2 adet ince doğranmış frenk soğanı
- 1 kiloluk Çin lahanası, doğranmış
- 2 yemek kaşığı zeytinyağı
- ½ çay kaşığı rendelenmiş zencefil
- Bir tutam karabiber
- ½ bardak düşük sodyumlu sebze suyu

Başlıklar:

1. Tavayı orta-yüksek ateşte yağla ısıtın, taze soğanı ve zencefili ekleyip 2 dakika kızartın.
2. Eti ekleyin ve 5 dakika daha kızartın.
3. Diğer malzemeleri ekleyin, karıştırın, 13 dakika daha pişirin, tabaklara paylaştırın ve servis yapın.

Beslenme:kalori 125, yağ 8, lif 1,7, karbonhidrat 5,5, protein 9,3

Kırmızı soğan karışımı ile tavuk

Hazırlama süresi: 10 dakika.
Hazırlama süresi: 25 dakika.
Porsiyon: 4

İçindekiler:

- 2 derisiz, kemiksiz ve kuşbaşı tavuk göğsü
- 3 kırmızı soğan, dilimlenmiş
- 2 yemek kaşığı zeytinyağı
- 1 su bardağı düşük sodyumlu sebze suyu
- Bir tutam karabiber
- 1 yemek kaşığı kıyılmış kişniş
- 1 yemek kaşığı doğranmış frenk soğanı

Başlıklar:

1. Tavayı orta ateşte yağla ısıtın, soğanı ve bir tutam karabiberi ekleyin ve düzenli olarak karıştırarak 10 dakika pişirin.
2. Tavuğu ekleyin ve 3 dakika daha pişirin.
3. Geri kalan malzemeleri ekleyin, kaynatın ve orta ateşte 12 dakika daha pişirin.
4. Tavuk-soğan karışımını tabaklara paylaştırıp servis yapın.

Beslenme: kalori 364, yağ 17,5, lif 2,1, karbonhidrat 8,8, protein 41,7

Pirinç ve sıcak hindi

Hazırlama süresi: 10 dakika.
Hazırlama süresi: 42 dakika.
Porsiyon: 4

İçindekiler:

- 1 derisiz, kemiksiz ve kuşbaşı hindi göğsü
- 1 su bardağı beyaz pirinç
- 2 bardak düşük sodyumlu sebze suyu
- 1 çay kaşığı acı biber
- 2 küçük serrano biberi, doğranmış
- 2 diş ince kıyılmış sarımsak
- 2 yemek kaşığı zeytinyağı
- ½ doğranmış kırmızı biber
- Bir tutam karabiber

Başlıklar:

1. Tavayı orta ateşte yağla ısıtın, serrano biberini ve sarımsağı ekleyip 2 dakika kızartın.
2. Eti ekleyip 5 dakika kavurun.
3. Pirinci ve diğer malzemeleri ekleyin, kaynatın ve orta ateşte 35 dakika pişirin.
4. Karıştırın, tabaklara paylaştırın ve servis yapın.

Beslenme: kalori 271, yağ 7,7, lif 1,7, karbonhidrat 42, protein 7,8

Tavuk ve limonlu pırasa

Hazırlama süresi: 10 dakika.
Hazırlama süresi: 40 dakika.
Porsiyon: 4

İçindekiler:
- 1 kilo tavuk göğsü, derisiz, kemiksiz ve doğranmış
- Bir tutam karabiber
- 2 yemek kaşığı avokado yağı
- 1 yemek kaşığı domates sosu, tuz ilavesiz
- 1 su bardağı düşük sodyumlu sebze suyu
- 4 pırasa, ince doğranmış
- ½ su bardağı limon suyu

Başlıklar:
1. Tavayı orta ateşte yağla ısıtın, pırasayı ekleyin, karıştırın ve 10 dakika pişirin.
2. Tavuğu ve diğer malzemeleri ekleyip karıştırın, orta ateşte 20 dakika daha pişirin, tabaklara paylaştırıp servis yapın.

Beslenme: kalori 199, yağ 13,3, lif 5, karbonhidrat 7,6, protein 17,4

Türkiye'de lahana karışımı

Hazırlama süresi: 10 dakika.
Hazırlama süresi: 35 dakika.
Porsiyon: 4

İçindekiler:

- 1 büyük hindi göğsü, derisiz, kemiksiz ve kuşbaşı
- 1 bardak düşük sodyumlu tavuk suyu
- 1 yemek kaşığı eritilmiş hindistancevizi yağı
- 1 lahana, doğranmış
- 1 çay kaşığı biber tozu
- 1 çay kaşığı tatlı kırmızı biber
- 1 diş doğranmış sarımsak
- 1 ince doğranmış sarı soğan
- Bir tutam tuz ve karabiber.

Başlıklar:

1. Tavayı orta ateşte yağla ısıtın, eti ekleyin ve 5 dakika kızartın.
2. Sarımsak ve soğanı ekleyin, karıştırın ve 5 dakika daha pişirin.
3. Lahanayı ve geri kalan malzemeleri ekleyin, karıştırın, kaynatın ve orta ateşte 25 dakika pişirin.
4. Tamamını tabaklara paylaştırıp servis yapın.

Beslenme: Kalori 299, yağ 14,5, lif 5, karbonhidrat 8,8, protein 12,6

Kırmızı biberli tavuk

Hazırlama süresi: 10 dakika.
Hazırlama süresi: 30 dakika.
Porsiyon: 4

İçindekiler:

- 1 kilo tavuk göğsü, derisiz, kemikleri çıkarılmış ve dilimlenmiş
- 4 adet ince doğranmış frenk soğanı
- 1 yemek kaşığı zeytinyağı
- 1 yemek kaşığı tatlı kırmızı biber
- 1 bardak düşük sodyumlu tavuk suyu
- 1 yemek kaşığı rendelenmiş zencefil
- 1 çay kaşığı kurutulmuş kekik
- 1 çay kaşığı kimyon, öğütülmüş
- 1 çay kaşığı yenibahar, öğütülmüş
- ½ bardak kıyılmış kişniş
- Bir tutam karabiber

Başlıklar:

1. Tavayı orta ateşte yağla ısıtın, taze soğanı ve eti ekleyip 5 dakika kızartın.
2. Geri kalan malzemeleri ekleyin, karıştırın, fırına koyun ve 390 F'de 25 dakika pişirin.
3. Tavuk ve soğan karışımını tabaklara paylaştırıp servis yapın.

Beslenme: Kalori 295, yağ 12,5, lif 6,9, karbonhidrat 22,4, protein 15,6

Tavuk ve hardal sosu

Hazırlama süresi: 10 dakika.
Hazırlama süresi: 35 dakika.
Porsiyon: 4

İçindekiler:
- 1 kilo tavuk budu, kemiksiz ve derisiz
- 1 yemek kaşığı avokado yağı
- 2 yemek kaşığı hardal
- 1 ince doğranmış taze soğan
- 1 bardak düşük sodyumlu tavuk suyu
- Bir tutam tuz ve karabiber.
- 3 diş sarımsak, doğranmış
- ½ çay kaşığı kurutulmuş fesleğen

Başlıklar:
1. Tavayı orta ateşte yağla ısıtın, arpacık soğanı, sarımsak ve tavuğu ekleyin ve her şeyi 5 dakika kızartın.
2. Hardalı ve diğer malzemeleri ekleyin, yavaşça karıştırın, kaynatın ve orta ateşte 30 dakika pişirin.
3. Her şeyi tabaklara paylaştırın ve sıcak olarak servis yapın.

Beslenme: Kalori 299, yağ 15,5, lif 6,6, karbonhidrat 30,3, protein 12,5

Tavuk kereviz karışımı

Hazırlama süresi: 10 dakika.
Hazırlama süresi: 35 dakika.
Porsiyon: 4

İçindekiler:

- Bir tutam karabiber
- 2 kilo tavuk göğsü, derisiz, kemiksiz ve doğranmış
- 2 yemek kaşığı zeytinyağı
- 1 su bardağı doğranmış kereviz
- 3 diş sarımsak, doğranmış
- 1 poblano biber, doğranmış
- 1 su bardağı düşük sodyumlu sebze suyu
- 1 çay kaşığı biber tozu
- 2 yemek kaşığı doğranmış frenk soğanı

Başlıklar:

1. Tavayı orta ateşte yağla ısıtın, sarımsak, kereviz ve poblano biberini ekleyin, karıştırın ve 5 dakika kızartın.
2. Eti ekleyin, karıştırın ve 5 dakika daha pişirin.
3. Frenk soğanı dışındaki diğer malzemeleri ekleyin, kaynatın ve orta ateşte 25 dakika daha pişirin.
4. Karışımın tamamını tabaklara paylaştırıp üzerine serperek servis yapın.

Beslenme: Kalori 305, yağ 18, lif 13,4, karbonhidrat 22,5, protein 6

Bebek patatesli limonlu hindi

Hazırlama süresi: 10 dakika.
Hazırlama süresi: 40 dakika.
Porsiyon: 4

İçindekiler:

- 1 adet derisiz, kemiksiz ve dilimlenmiş hindi göğsü
- 2 yemek kaşığı zeytinyağı
- 1 kilo bebek patates, soyulmuş ve ikiye bölünmüş
- 1 yemek kaşığı tatlı kırmızı biber
- 1 ince doğranmış sarı soğan
- 1 çay kaşığı biber tozu
- 1 çay kaşığı kurutulmuş biberiye
- 2 su bardağı düşük sodyumlu tavuk suyu
- Bir tutam karabiber
- 1 limon kabuğu rendesi, rendelenmiş
- 1 yemek kaşığı limon suyu
- 1 yemek kaşığı kıyılmış kişniş

Başlıklar:

1. Tavayı orta ateşte yağla ısıtın, soğanı, toz biberi ve biberiyeyi ekleyin, karıştırın ve 5 dakika kızartın.
2. Eti ekleyin ve 5 dakika daha kızartın.
3. Patatesleri ve kişniş hariç diğer malzemeleri ekleyin, hafifçe karıştırın, kaynatın ve orta ateşte 30 dakika pişirin.
4. Karışımı tabaklara paylaştırın ve üzerine bir tutam kişniş serperek servis yapın.

Beslenme:kalori 345, yağ 22,2, lif 12,3, karbonhidratlar 34,5, protein 16,4

Hardallı tavuk

Hazırlama süresi: 10 dakika.
Hazırlama süresi: 25 dakika.
Porsiyon: 4

İçindekiler:

- 2 derisiz, kemiksiz ve kuşbaşı tavuk göğsü
- 3 su bardağı hardal yeşillikleri
- 1 su bardağı konserve domates, tuzsuz, doğranmış
- 1 kırmızı soğan, doğranmış
- 2 yemek kaşığı avokado yağı
- 1 çay kaşığı kurutulmuş kekik
- 2 diş ince kıyılmış sarımsak
- 1 yemek kaşığı doğranmış frenk soğanı
- 1 yemek kaşığı balzamik sirke
- Bir tutam karabiber

Başlıklar:
1. Tavayı orta yüksek ateşte yağla ısıtın, soğanı ve sarımsağı ekleyip 5 dakika kızartın.
2. Eti ekleyin ve 5 dakika daha kızartın.
3. Sebzeleri, domatesleri ve diğer malzemeleri ekleyip karıştırın, orta ateşte 20 dakika pişirin, tabaklara paylaştırıp servis yapın.

Beslenme: Kalori 290, yağ 12,3, lif 6,7, karbonhidrat 22,30, protein 14,3

Kızarmış tavuk ve elma

Hazırlama süresi: 10 dakika.
Hazırlama süresi: 50 dakika.
Porsiyon: 4

İçindekiler:

- 2 kilo tavuk budu, kemiksiz ve derisiz
- 2 yemek kaşığı zeytinyağı
- 2 kırmızı soğan, dilimlenmiş
- Bir tutam karabiber
- 1 çay kaşığı kurutulmuş kekik
- 1 çay kaşığı kurutulmuş fesleğen
- 1 bardak yeşil elma, çekirdeği çıkarılmış ve doğranmış
- 2 diş ince kıyılmış sarımsak
- 2 su bardağı düşük sodyumlu tavuk suyu
- 1 yemek kaşığı limon suyu
- 1 su bardağı doğranmış domates
- 1 yemek kaşığı kıyılmış kişniş

Başlıklar:

1. Tavayı orta ateşte yağla ısıtın, soğanı ve sarımsağı ekleyin ve 5 dakika kızartın.
2. Tavukları ekleyip 5 dakika daha kavurun.
3. Kekik, fesleğen ve diğer malzemeleri ekleyin, hafifçe karıştırın, fırına koyun ve 390 F'de 40 dakika pişirin.
4. Tavuk-elma karışımını tabaklara paylaştırıp servis yapın.

Beslenme: Kalori 290, yağ 12,3, lif 4, karbonhidrat 15,7, protein 10

Chipotle Tavuk

Hazırlama süresi: 10 dakika.
Hazırlama süresi: 1 saat.
Porsiyon: 6

İçindekiler:

- 2 kilo tavuk budu, kemiksiz ve derisiz
- 1 ince doğranmış sarı soğan
- 2 yemek kaşığı zeytinyağı
- 3 diş sarımsak, doğranmış
- 1 yemek kaşığı öğütülmüş kişniş tohumu
- 1 çay kaşığı kimyon, öğütülmüş
- 1 bardak düşük sodyumlu tavuk suyu
- 4 yemek kaşığı chipotle biber salçası
- Bir tutam karabiber
- 1 yemek kaşığı kıyılmış kişniş

Başlıklar:

1. Tavayı orta ateşte yağla ısıtın, soğanı ve sarımsağı ekleyin ve 5 dakika kızartın.
2. Eti ekleyin ve 5 dakika daha kızartın.
3. Geri kalan malzemeleri ekleyin, karıştırın, her şeyi fırına koyun ve 390 derecede 50 dakika pişirin.
4. Karışımın tamamını tabaklara paylaştırıp servis yapın.

Beslenme: Kalori 280, yağ 12,1, lif 6,3, karbonhidrat 15,7, protein 12

otlar ile hindi

Hazırlama süresi: 10 dakika.
Hazırlama süresi: 35 dakika.
Porsiyon: 4

İçindekiler:

- 1 büyük hindi göğsü, kemiksiz, derisiz ve dilimlenmiş
- 1 yemek kaşığı doğranmış frenk soğanı
- 1 yemek kaşığı kıyılmış kekik
- 1 yemek kaşığı kıyılmış fesleğen
- 1 yemek kaşığı kıyılmış kişniş
- 2 arpacık, ince doğranmış
- 2 yemek kaşığı zeytinyağı
- 1 bardak düşük sodyumlu tavuk suyu
- 1 su bardağı doğranmış domates
- Tatmak için tuz ve karabiber

Başlıklar:

1. Tavayı orta ateşte yağla ısıtın, arpacık soğanı ve eti ekleyin ve 5 dakika kızartın.
2. Frenk soğanı ve diğer malzemeleri ekleyip karıştırın, kaynatın ve orta ateşte 30 dakika pişirin.
3. Karışımı tabaklara paylaştırıp servis yapın.

Beslenme: Kalori 290, yağ 11,9, lif 5,5, karbonhidrat 16,2, protein 9

Tavuk zencefil sosu

Hazırlama süresi: 10 dakika.
Hazırlama süresi: 35 dakika.
Porsiyon: 4

İçindekiler:
- 1 kilo tavuk göğsü, derisiz, kemiksiz ve doğranmış
- 1 yemek kaşığı rendelenmiş zencefil
- 1 yemek kaşığı zeytinyağı
- 2 arpacık, ince doğranmış
- 1 yemek kaşığı balzamik sirke
- Bir tutam karabiber
- ¾ bardak düşük sodyumlu tavuk suyu
- 1 yemek kaşığı kıyılmış fesleğen

Başlıklar:
1. Tavayı orta ateşte yağla ısıtın, arpacık soğanı ve zencefili ekleyin, karıştırın ve 5 dakika kızartın.
2. Tavuk dışındaki diğer malzemeleri ekleyin, karıştırın, kaynatın ve 5 dakika daha pişirin.
3. Tavuğu ekleyin, karıştırın, 25 dakika kaynatın, tabaklara paylaştırın ve servis yapın.

Beslenme: Kalori 294, yağ 15,5, lif 3, karbonhidrat 15,4, protein 13,1

Tavuk ve mısır

Hazırlama süresi: 10 dakika.
Hazırlama süresi: 35 dakika.
Porsiyon: 4

İçindekiler:
- 2 kilo tavuk göğsü, derisiz, kemiksiz ve ikiye bölünmüş
- 2 bardak mısır
- 2 yemek kaşığı avokado yağı
- Bir tutam karabiber
- 1 çay kaşığı füme kırmızı biber
- 1 demet doğranmış frenk soğanı
- 1 bardak düşük sodyumlu tavuk suyu

Başlıklar:
1. Tavayı orta ateşte yağla ısıtın, frenk soğanı ekleyin, karıştırın ve 5 dakika pişirin.
2. Tavukları ekleyip 5 dakika daha kavurun.
3. Mısır ve diğer malzemeleri ekleyin, karıştırın, tavayı fırına yerleştirin ve 390 F'de 25 dakika pişirin.
4. Karışımı tabaklara paylaştırıp servis yapın.

Beslenme: Kalori 270, yağ 12,4, lif 5,2, karbonhidrat 12, protein 9

Türkiye köri ve kinoa

Hazırlama süresi: 10 dakika.
Hazırlama süresi: 40 dakika.
Porsiyon: 4

İçindekiler:
- 1 kilo hindi göğsü, derisiz, kemiksiz ve kuşbaşı
- 1 yemek kaşığı zeytinyağı
- 1 bardak kinoa
- 2 su bardağı düşük sodyumlu tavuk suyu
- 1 yemek kaşığı limon suyu
- 1 yemek kaşığı kıyılmış maydanoz
- Bir tutam karabiber
- 1 yemek kaşığı kırmızı köri ezmesi

Başlıklar:
1. Tavayı orta ateşte yağla ısıtın, eti ekleyin ve 5 dakika kızartın.
2. Kinoayı ve diğer malzemeleri ekleyip karıştırın, kaynatın ve orta ateşte 35 dakika pişirin.
3. Tamamını tabaklara paylaştırıp servis yapın.

Beslenme: Kalori 310, yağ 8,5, lif 11, karbonhidrat 30,4, protein 16,3

Türkiye yaban havucu ve kimyon

Hazırlama süresi: 10 dakika.
Hazırlama süresi: 40 dakika.
Porsiyon: 4

İçindekiler:

- 1 kilo hindi göğsü, derisiz, kemiksiz ve kuşbaşı
- 2 yaban havucu, soyulmuş ve doğranmış
- 2 çay kaşığı öğütülmüş kimyon
- 1 yemek kaşığı kıyılmış maydanoz
- 2 yemek kaşığı avokado yağı
- 2 arpacık, ince doğranmış
- 1 bardak düşük sodyumlu tavuk suyu
- 4 diş sarımsak, doğranmış
- Bir tutam karabiber

Başlıklar:

1. Tavayı orta ateşte yağla ısıtın, arpacık soğanı ve sarımsağı ekleyin ve 5 dakika kızartın.
2. Hindiyi ekleyin, karıştırın ve 5 dakika daha pişirin.
3. Yaban havuçlarını ve diğer malzemeleri ekleyip karıştırın, orta ateşte 30 dakika daha pişirin, tabaklara paylaştırıp servis yapın.

Beslenme: Kalori 284, yağ 18,2, lif 4, karbonhidrat 16,7, protein 12,3

Türkiye nohut ve kişniş

Hazırlama süresi: 10 dakika.
Hazırlama süresi: 40 dakika.
Porsiyon: 4

İçindekiler:

- 1 su bardağı konserve nohut, tuzsuz, süzülmüş
- 1 bardak düşük sodyumlu tavuk suyu
- 1 kilo hindi göğsü, derisiz, kemiksiz ve kuşbaşı
- Bir tutam karabiber
- 1 çay kaşığı kurutulmuş kekik
- 1 çay kaşığı öğütülmüş hindistan cevizi
- 2 yemek kaşığı zeytinyağı
- 1 ince doğranmış sarı soğan
- 1 doğranmış yeşil biber
- 1 su bardağı kıyılmış kişniş

Başlıklar:

1. Tavayı orta ateşte yağla ısıtın, soğanı, biberi ve eti ekleyin ve düzenli olarak karıştırarak 10 dakika kızartın.
2. Diğer malzemeleri ekleyin, karıştırın, kaynatın ve orta ateşte 30 dakika pişirin.
3. Karışımı tabaklara paylaştırıp servis yapın.

Beslenme: Kalori 304, yağ 11,2, lif 4,5, karbonhidrat 22,2, protein 17